Prefazione

Questo libro non è un trattato di psicologia, né ha la pretesa di spiegare a che cosa si devono le nostre paure, le fobie e le ossessioni, da un punto di vista medico; esso nasce da alcune riflessioni che ho effettuato nel corso della vita e dal fatto che in prima persona ho potuto sperimentare alcuni di questi sentimenti. Da giovane provavo una certa forma di vergogna verso questo tipo di stati d'animo, anche solo per il fatto di ammettere la loro presenza nella mia vita. Poi nel tempo ho capito che certe angosce che giudicavo "debolezze caratteriali", in realtà non lo fossero, né per quello che mi riguardava, né tantomeno per ciò che concerneva gli altri.

Il pianto, per esempio, è stato sempre considerato da me come un comportamento da "femminuccia", sia che esso fosse dovuto ad una sofferenza fisica, sia che fosse scaturito da uno stato di prostrazione psicologica. Riguardo al pianto, ho capito che esso non è nient'altro che uno sfogo naturale, con la funzione principale di allentare lo stress mentale dovuto al dolore. Per quanto riguarda il dolore fisico, crescendo impariamo a controllare il pianto che ne può derivare, proprio perché capiamo che questo sfogo, (che da bambini serve anche per attirare l'attenzione ed essere eventualmente consolati) non diminuisce la sofferenza che patiamo. Per ciò che concerne l'afflizione psicologica invece, crescendo smettiamo di sfogare i nostri dispiaceri piangendo, ma anzi alle volte ci vergogniamo se ci lasciamo andare in lacrime davanti a qualcuno. Questo è dovuto all'educazione che ci viene imposta dalla nostra società, che ipocritamente tende a valorizzare tutti quegli atteggiamenti che mascherano i reali sentimenti delle persone e a censurare, per contro, ogni forma di presunta debolezza. Sicuramente siamo disposti più a tollerare e a concepire il pianto di una donna, che quello di un uomo; anzi, un uomo che piange spesso

1

è considerato ridicolo o patetico. "Sii forte, non piangere!"; "Ma che piangi alla tua età?"; "Ma piangi ancora per queste cose?".
Queste sono frasi tipiche che ognuno di noi ha potuto ascoltare nella vita e che non servono a spronare o incoraggiare, ma castigano un comportamento naturale che non ha nulla di vergognoso. Il pianto è la prova reale dell'esistenza dell'anima ed è uno sfogo che non può e non deve essere trattenuto. Persino chi si commuove davanti ad un film, ascoltando una musica, o assistendo ad un evento sportivo, o davanti agli aspetti più belli o più brutti della vita, mostra le sfumature del proprio animo. In questo caso è la sensibilità che sgorga dai nostri occhi sotto forma di lacrime.
Ho usato questa piccola digressione sul pianto, per introdurre meglio il sentimento della paura.
Quando ho pensato per la prima volta di scrivere questo libro, ho fatto un elenco di tutti i tipi di paure esistenti; man mano che buttavo giù la lista, mi sono accorto che erano quasi tutti stati d'animo in cui ero passato o che ancora vivevo.
Facendo un esame di coscienza, mi sono posto alcune domande. Sento di essere una persona paurosa? Sono un tipo ansioso? Sono un debole? Ho qualche problema mentale?
Per rispondere a questi quesiti, ho voluto snocciolare il problema, per vedere se tutto quello che ho provato nel corso della mia vita rientrasse nella normalità o che effettivamente esistessero tutta una serie di problematiche da risolvere dentro la mia testa, magari con l'aiuto di un buon analista. E la conclusione è stata che mi ritengo una persona normalissima, così come ritengo normale tutti coloro che hanno paura come me o più di me. E' nella natura umana avere dei timori, anche se tentiamo in tutti i modi di nasconderli o mistificarli.
Eppure sono sicuro che ognuno di noi, se guarda dentro di sé, riesce a percepire che in un modo o nell'altro ha avuto paura nella vita. Magari non ha avuto paura di volare, o degli animali; però può aver avuto paura del buio, o d'invecchiare o della solitudine o del primo bacio.

Ci sono delle paure che ci fanno sorridere, perché ci convinciamo che avere delle "leggerezze" simili è stupido o illogico. Così, per esempio, potrei pensare che chi ha paura dei tuoni è semplicemente un "fifone".

Ma se partiamo dal presupposto che il nostro cervello elabora tutto ciò che esiste e che accade nell'universo che ci circonda, e ci fa comportare secondo una logica (giusta o sbagliata che sia), non dobbiamo sottovalutare nessun tipo di paura. Analizzare queste fobie, significa aver rispetto per ogni sentimento umano. Nessuno può essere considerato pauroso, perché teme ciò che noi non temiamo; noi abbiamo avuto semplicemente la fortuna di elaborare il mondo in maniera diversa, assimilandolo a nostro modo, che è differente da quello degli altri; ma aver elaborato una paura non significa necessariamente non averla avuta o per esteso, esserne stati immuni.

In effetti, la paura è come una forma di allergia: le persone allergiche, è noto, sono persone ipersensibili agli allergeni. Gli allergeni non sono nient'altro che sostanze naturali o artificiali che si trovano nell'ambiente in cui viviamo o veniamo a contatto; la polvere, per esempio o il polline o i peli di gatto sono allergeni. Ma non a tutti danno fastidio, ossia vengono riconosciute come "sostanze pericolose" e di conseguenza attaccate con la reazione allergica. Coloro che hanno paura in realtà possono essere considerati come ipersensibili (quando ovviamente non siano esposti ad un pericolo imminente e reale che ne mette a rischio la sopravvivenza) verso cose o eventi che li circondano, e come tali vanno trattati. Le paure vanno capite, studiate, elaborate, assorbite, controllate. Questa è la cura che consiglio e questo è l'intento che mi propongo in questo libro: capire la paura per saperla affrontare meglio e per riuscire talvolta a conviverci in maniera sana, ognuno con il suo metodo.

Papa Giovanni Paolo II scrisse un libro intitolato "Non abbiate paura". Era un invito rivolto ai giovani, per cambiare atteggiamento nei confronti di Dio e di abbandonarsi alla fede e alla verità cristiana. Io invece suggerirò "Abbiate paura!", perché la paura è un sentimento umano e grazie ad essa salviamo il nostro corpo e perché no..anche il nostro spirito.

Tutte le nostre paure

La paura. Che cosa si prova effettivamente quando avvertiamo questo sentimento? Da cosa deriva? Si può controllare? E' un bene o è un male provarla?

Ogni persona nella vita, ha provato quel senso di disagio e di fibrillazione nervosa che attanaglia l'animo, in molteplici occasioni.

Si può definire la paura, come un campanello d'allarme naturale per una situazione di pericolo. Oppure, ancora meglio: la perdita di controllo sulle nostre certezze.

Ma è sempre così? Alle volte, il nostro istinto di conservazione si attiva anche quando non vi è motivo di essere allarmati. Molto spesso la paura non si estrinseca in un timore vero e proprio, ma è un'autolimitazione che ci imponiamo per evitare problemi futuri, probabili dispiaceri o situazioni per noi incresciose. Si può dire, che esistono delle cause oggettive scatenanti e delle cause soggettive che dipendono dalle valutazioni che siamo in grado di dare della realtà e delle situazioni. Le cause oggettive scatenanti possono derivare da circostanze che mettono in pericolo la nostra esistenza o rappresentano una minaccia ai nostri beni: trovarsi faccia a faccia con un leone probabilmente innescherà nelle persone comuni, una scarica di adrenalina derivante dal conseguente shock emotivo. Stessa cosa avviene se qualcuno è minacciato da una pistola.

Le cause soggettive invece dipendono dai singoli individui: qualcuno ha paura del mare, dell'altezza, delle api, dei topi ecc. Queste paure, si manifestano anche se non c'è un pericolo reale, ma solo perché la nostra mente classifica un qualcosa come potenzialmente pericoloso.

Esistono delle paure innate, che si portano dentro in quanto esseri umani, come ad esempio la paura del buio o la paura del fuoco. Queste paure seppur presenti nella prima infanzia, sono

5

decisamente sottovalutate, mentre, nello stesso periodo della vita, vi sono timori non propriamente legati ad un pericolo reale. Per esempio, un bambino proverà a toccare la fiamma di una candela senza avere paura, mentre avrà timore di andare in braccio a qualcuno che lo voglia solo coccolare. Questo comportamento è dato dal fatto che alcune paure si "acquisiscono" con l'esperienza, mentre altre sono legate a fattori psicologici prettamente legati all'infanzia. Quando un bambino che avrà sottovalutato il pericolo del fuoco si scotterà con la fiamma della candela, imparerà (a sue spese) che il fuoco deve essere temuto perché provoca dolore, così come un coltello può tagliare. Allo stesso modo imparerà a leggere le espressioni di disappunto del proprio genitore e a temerlo.

Queste possono essere definite, come paure indotte dall'ambiente al quale i bambini si rapportano continuamente. Hanno una fondamentale importanza, nell'ottica di salvaguardare la loro effettiva incolumità o quella da loro presunta.

Le paure legate a fattori puramente psicologici, sono difficilmente spiegabili dal punto di vista razionale. I bambini, alle volte, interpretano gli sguardi, i gesti e le intenzioni degli adulti in maniera sbagliata, proprio perché la loro esperienza è limitata e non sanno ancora valutare ciò che è bene e ciò che è male. Alle volte, la loro paura è semplicemente una contestazione di ciò a cui sono sottoposti. Per esempio, rifiutano di andare in braccio e piangono come se avessero paura, perché in realtà vogliono rimanere con la mamma o vogliono solo continuare a fare quello che stavano facendo senza essere interrotti.

Ai bambini la paura può essere indotta o insegnata, così come si può insegnare a non avere paura. Una madre che ha paura dei topi, trasmetterà probabilmente questa ansia ai propri figli, così come un incantatore di serpenti trasmetterà alla sua progenie il coraggio di stare davanti ad un cobra.

Esistono comunque delle paure innate riscontrabili anche negli adulti, che non trovano spiegazione in un analisi dell'esperienza dei soggetti interessati. Si ha paura senza motivo, senza una ragione ben precisa. Questo potrebbe essere legato alla sfera degli istinti umani, dove si agisce secondo una logica profonda, difficilmente individuabile. Qualcuno ha addirittura provato a spiegare questa innata diffidenza attraverso l'ipnosi regressiva: andando indietro nel tempo, (perfino, si dice, indietro nelle vite vissute in passato), si riesce a scoprire quali sono i motivi che inducono a temere qualcosa o ad evitare dei posti. Per esempio, da un ipnosi regressiva può venir fuori che quando eravamo piccoli siamo stati punti da una vespa e questo potrebbe essere il motivo per il quale abbiamo la fobia di questo animale. Oppure temiamo di andare in macchina perché in un'altra vita siamo morti in un incidente stradale. Sempre per chi crede a queste spiegazioni..

Il nostro cervello è una sorta di computer che in presenza di eventi o di scelte, analizza l'esperienza, ossia fa riferimento ai suoi dati registrati. Il pericolo, ovviamente, innesca degli allarmi, che impediscono di fatto, la prosecuzione normale dell'azione. In caso di pericolo, l'amigdala si attiva stimolando la produzione di adrenalina, dopamina e noradrenalina che si riversano nel nostro corpo e influiscono sui nostri riflessi, sulle nostre percezioni e sul nostro modo di rapportarsi agli stimoli esterni. In caso di paura, questi ormoni possono far aumentare la nostra forza, la nostra resistenza, o al contrario, possono addirittura paralizzarci, togliendoci il respiro. E infatti possiamo distinguere diversi comportamenti rispetto alla stessa situazione: ad esempio di fronte ad un cane rabbioso, possiamo rimanere immobili, oppure cominciare a correre all'impazzata.

Ci sono individui che riescono a controllare la paura, anche se la scarica di adrenalina comunque viene riversata nel loro fisico; è solo la reazione istintiva ad essere diversa, ma la paura è la stessa. Il controllo delle nostre risposte agli stimoli che vengono dall'esterno, avviene attraverso l'analisi di ciò che effettivamente ci intimorisce e il suo successivo controllo avviene attraverso un'elaborazione del pericolo; ciò può determinarsi anche attraverso l'ausilio di training autogeno o tecniche simili.

Quando c'imponiamo di resistere alle nostre paure, possiamo superare quegli ostacoli che ci impensieriscono o che non ci fanno vivere una vita tranquilla. Ad esempio: le compagnie aeree hanno istituito dei corsi per coloro che hanno paura di volare; degli psicologi insieme a personale qualificato avvicinano i partecipanti al mondo dell'aviazione per poter superare questa fobia.

Questo esempio ci fa capire quanto la paura possa essere, in tante situazioni, figlia dell'ignoranza. Si ha paura di un ragno o di un serpente perché non si conoscono le caratteristiche di quell'animale che ci terrorizza, così come si può rimanere impressionati dalle fasi del volo se non si ha un'idea ben precisa di ciò che effettivamente sta succedendo.

Nel corso di questo libro cercheremo di analizzare molte situazioni che nella vita ci possono causare paura: dai piccoli timori al vero e proprio terrore.

La fisiologia della paura

Cosa succede a livello fisico quando proviamo paura e quale organi sono interessati quando proviamo questo stato d'animo? Bisogna considerare innanzitutto che il cervello è una sorta di computer principale che si avvale del supporto dei nostri cinque sensi per individuare le eventuali minacce che potrebbero attentare alla nostra sicurezza, coadiuvato da un organo "sentinella" chiamato amigdala che analizza situazioni e stimoli provenienti dall'esterno, li confronta con le esperienze passate e agisce rapidamente, alle volte al primo campanello d'allarme, altre volte invece, anche troppo tempestivamente, senza che magari ci sia un pericolo reale. Può avvenire inoltre che, a causa di esperienze negative o shockanti, questa sentinella vada un po' in tilt e cominci a suonare l'allarme all'impazzata, interpretando male le situazioni, fraintendendo i segnali e conseguentemente causando le famigerate crisi di panico, che come è ben noto avvengono senza nessun preavvertimento e senza evidenti motivi reali.

L'amigdala si presenta a forma di mandorla ed è la parte del cervello che gestisce le emozioni e in particolar modo la paura. Essa invia impulsi all'ipotalamo per attivare il sistema nervoso simpatico e al nucleo reticolare talamico per aumentare i riflessi, ed è il fulcro dei processi neurologici relativi alle emozioni, svolgendo un ruolo fondamentale nell'archiviazione della cosiddetta memoria emozionale, nella comparazioni delle esperienze passate e altresì delle sensazioni olfattive. I segnali degli organi sensoriali arrivano prima al talamo, poi all'amigdala e infine alla neocorteccia. Quando l'amigdala capta un segnale di pericolo, invia immediatamente le informazioni al cervello e stimola il rilascio degli ormoni che consentono la reazione di fuga o di combattimento, aumentando così la nostra capacità di sopravvivere ai pericoli.

Immaginiamo una situazione: ci troviamo in casa e siamo impegnati a leggere un libro; siccome ci siamo concentrati troppo, abbiamo scordato una pietanza sul fuoco, che ovviamente dopo un po' comincerà a bruciare. Per nostra fortuna l'amigdala è sempre costantemente vigile e si attiva subito, non appena le cellule olfattive captano odori strani e li analizzano riportandoci magari ad esperienze già vissute e a scampati pericoli. Ci alziamo di scatto attivando la nostra vista in tutte le direzioni, orientando il nostro sguardo in direzione dell'odore. Nel frattempo le nostre pulsazioni sono aumentate e la nostra pressione è salita e gli ormoni stimolanti sono già stati rilasciati e cominciano ad agire. Insomma il nostro fisico si prepara ad affrontare una situazione potenzialmente pericolosa. Si potrebbe definire l'amigdala come l'organo del "sesto senso", quello che ci informa di ciò che si sta per compiere o che si sta per affrontare.

L'anidride carbonica e il monossido di carbonio sono elementi che molto spesso vengono associati al pericolo. Nelle cabine degli aerei dove esiste un microclima creato per sopravvivere quando si viaggia in quota, è possibile che il quantitativo di anidride carbonica sia superiore rispetto all'aria che si respira a terra. Queste situazioni sarebbero alla base delle crisi di panico che colpiscono alcuni passeggeri. Avendo lavorato in questo ambiente per tanti anni, mi sento di affermare che quest'affermazione non sia completamente vera, ma che le crisi di panico scaturiscono da un insieme di segnali che vengono recepiti dal nostro processore, ed elaborati. Quando il cervello è già stato segnato in precedenza da una situazione negativa, o si trova in uno stato di stress emotivo dovuto al volo, ma anche a fattori appartenenti alla nostra vita quotidiana, l'amigdala, con la complicità dell'anidride carbonica, può attivarsi come se si trovasse in pericolo e manifestare tutte quelle azioni che il fisico mette in atto per fronteggiarlo.

Possedere questi campanelli d'allarme è senz'altro utile, se non indispensabile per la nostra sopravvivenza, in quanto riusciamo a prevenire i pericoli e non solo a provvedere quando il pericolo è già manifesto. Le nostre percezioni e quindi la nostra sensibilità, ci informano sull'ambiente circostante e sulle persone che frequentiamo, avvisandoci quando il pericolo sta per rivelarsi.

Gli elementi della paura

Esistono dei fattori specifici che determinano, scatenano o alimentano la paura.

Primo: predisposizione soggettiva.

Secondo: valutazione della situazione o del pericolo.

Terzo: causa o evento scatenante

Quarto: reazione soggettiva.

La predisposizione soggettiva, riguarda il nostro approccio alla vita e coinvolge il nostro subconscio e inconscio.

Ognuno di noi ha un carattere e una formazione diversa, che dipendono dall'educazione ricevuta, dall'ambiente nel quale siamo cresciuti e da una componente subconscia e inconscia che si differenzia da individuo a individuo. La nostra educazione influenza l'analisi dei cosiddetti fattori scatenanti. E' scientificamente provato che la cultura, intesa come conoscenza del mondo circostante e di tutte le sue peculiarità, contribuisce a diminuire il senso di paura.

Le popolazioni indigene che abitano le foreste pluviali, pur possedendo una loro cultura, si trovano tecnologicamente arretrate rispetto agli abitanti dei paesi industrializzati. Tutto ciò che fa parte del nostro quotidiano modo di vivere, come per esempio la televisione, la radio, i cellulari, il computer, o i nostri mezzi di trasporto sono del tutto o parzialmente sconosciuti per loro. Quello che per noi è normale, per loro può essere incredibile, magico ma soprattutto terrificante. Molte popolazioni primitive, ritengono ad esempio, che farsi fotografare sia estremamente pericoloso, e quindi ne hanno terrore, poiché pensano che la fotografia rubi la loro anima. Le nostre invenzioni, ai loro occhi, possono essere classificate come opera del maligno, in quanto sono sconosciute alla loro cultura; hanno paura perché non conoscono. La paura dettata dalla non conoscenza appartiene alla sfera dei nostri comportamenti innati ed è ciò che ci accumuna agli animali, che tendenzialmente agiscono per istinto. Al contrario degli animali però, la nostra consapevolezza esistenziale e il nostro intelletto ci spingono ad elaborare il pericolo, rivalutarlo e magari superarlo. Più è bassa la nostra cultura, maggiori saranno le situazioni e gli elementi che potranno essere giudicati "paurosi". Per inciso, bisogna dire che anche le persone provenienti dai paesi industrializzati, hanno molte paure quando si trovano a contatto con popolazioni primitive o nel loro ambiente: paura delle malattie, paura degli animali, paura delle tradizioni locali. Sono tutte paure "naturali", paure a cui però gli indigeni sono immuni o abituati. Al riguardo si può aggiungere che chiunque non si trovi nel suo habitat, subisce uno stress, che può sfociare in paura.

Un altro esempio si può citare per avvalorare la tesi che la paura sia dettata anche dall'ignoranza (dalla non conoscenza): la paura per una malattia. Negli anni '80 quando venne alla ribalta il fenomeno dell'AIDS, molte persone non conoscendo le peculiarità di quella terribile malattia, avevano paura di qualsiasi tipo di contatto con altri individui. Oltre a evitare rapporti sessuali occasionali, per scongiurare il contagio la gente evitava di baciarsi perfino sulle guance o di stringere le mani. Finché non si attuò una campagna di sensibilizzazione mondiale al fine d'informare le persone riguardo l'effettivo rischio di contagio, la psicosi collettiva dilagava.

Un altro esempio può essere la paura degli animali. Se facciamo una passeggiata in un bosco e ci imbattiamo in un serpente, è facile che ne avremmo paura se non conosciamo a quale specie appartenga. La nostra paura terminerà qualora il rettile venga classificato come non velenoso (anche se talune persone ne hanno paura a prescindere, o forse sarebbe meglio dire che ne hanno ribrezzo). Anche in questo caso, la non conoscenza determina lo stato di paura: temiamo che un animale a noi sconosciuto possa mettere in pericolo la nostra vita o magari ci possa semplicemente mordere.

13

Oltre alla nostra cultura, la predisposizione soggettiva inquadra la nostra particolare tendenza a temere un evento: a parità di cultura, sono le nostre pregresse esperienze a influire sul nostro stato d'animo, proprio perché per noi l'esperienza è "maestra di vita". Oltre alla cultura, l'ambiente in cui siamo cresciuti e viviamo può influire sicuramente sul nostro approccio alla paura. Se abbiamo vissuto a contatto con persone che avevano delle fobie, è possibile che ci abbiano trasmesso le loro ansie. Una madre che ha terrore dei topi, trasmetterà probabilmente quella paura alla sua prole (a meno che fattori ambientali non aiutino a elaborare e infine superare quella paura).

Quando ci troviamo di fronte ad una situazione potenzialmente pericolosa, il nostro subconscio effettua una valutazione più o meno veloce di ciò che fronteggia. Tutte le situazioni pregresse vengono analizzate molto profondamente all'interno di noi stessi e confrontate con ciò che ci si prospetta. In aggiunta a questo, i nostri istinti molto spesso ci salvano da circostanze non palesemente pericolose; è grazie proprio al nostro sesto senso se riusciamo alle volte a prevenire un pericolo. La paura viaggia di pari passo con il sesto senso e noi inconsciamente ci avvaliamo di entrambi per salvaguardare noi stessi, coloro che ci circondano e i nostri beni, anche se molto spesso possiamo sbagliare valutazione. Infatti alcune persone confondono spesso il sesto senso con la paura: in questo caso siamo in preda ad uno stato di agitazione, tipico della crisi d'ansia. L'ansia quindi, può essere motivata ma anche molto spesso immotivata, asseconda che esistano o meno i fattori che la determinano. Chi soffre di crisi d'ansia, in genere, va in agitazione senza che esistano motivi apparenti, oppure con pochi fattori reali, che scatenano una reazione abnorme nel soggetto interessato. Questo stato mentale non colpisce solamente le persone fragili o le persone protettive, ma può manifestarsi in qualsiasi individuo; l'ansia, come qualsiasi altro stato d'animo, può trasmettersi anche a coloro che ci circondano, innescando reazioni a catena. Addirittura gruppi di persone possono essere influenzate da un singolo individuo. E' evidente quindi che la paura, così come l'ansia, può essere trasmessa.

Un fattore che contribuisce a instaurare uno stato di paura è la valutazione del pericolo. Ogni individuo, trovandosi a fronteggiare una minaccia alla propria incolumità o ai propri affetti e beni, ha una reazione più o meno evidente del tutto personale. C'è chi di fronte al pericolo si dispera, chi al contrario reagisce violentemente; oppure c'è chi si paralizza, o chi invece viene colto da risate isteriche. Tutte queste reazioni dipendono dalla nostra formazione e dal nostro carattere. La tipica flemma inglese, per esempio, è un modo particolare di non scomporsi di fronte ad alcunché.

La valutazione del pericolo dipende anche dal momento in cui viene fatta. E' chiaro che lo stato d'animo con il quale si affrontano le situazioni, influenza il nostro approccio al pericolo. Condizioni di stress psicologico, stanchezza, nervosismo o eventi che hanno turbato la nostra serenità, possono influire sulla reazione di fronte ad un evento pericoloso, distorcendo perfino la realtà.

Il terzo elemento che caratterizza uno stato di paura è il fattore pericolo o evento scatenante. Come ho già affermato, tutto ciò che mette in pericolo noi stessi, i nostri cari o i nostri beni ovviamente può essere un fattore scatenante. Ma non solo; esistono molte situazioni, che pur non rappresentando un pericolo reale, vengono classificate come circostanze paurose. Basta fare riferimento a tutti quei film gialli o dell'horror, che rappresentando delle situazioni shockanti, riescono a turbare lo stato d'animo degli spettatori, incutendo paura. Potremmo definirla una paura indotta. Lo spettatore s'immedesima nel soggetto coinvolto in una situazione di pericolo e ha un timore reale, come se il pericolo lo stesse vivendo in prima persona. I maestri dei gialli e degli horror, riescono a far vivere situazioni di stress tenendo in tensione la platea per tutta la durata del film. Esistono poi dei trucchi per enfatizzare la tensione del film: una musica lugubre, delle luci soffuse, degli effetti speciali, delle maschere terrificanti. Ci sono poi situazioni, che pur non avvalendosi di nessun 'trucco del mestiere', riescono ad infondere ansia e agitazione nell'animo dello spettatore. Alfred Hitchcock era considerato un maestro del thriller proprio perché riusciva a tenere in tensione il pubblico, senza mostrare nulla di lugubre o magari scene cruente o violente, ma utilizzando la suspense della trama e ovviamente una musica adatta.

Un trucco che quasi sempre funziona per scatenare il cosiddetto "salto sulla sedia", consiste nel far accadere qualcosa di imprevisto all'interno di una scena, senza nessun legame con la situazione in essere. Per esempio, far cadere un qualcosa improvvisamente, oppure l'entrata in scena di un gatto o di un gufo, qualcuno che sbuca da un armadio per fare uno scherzo, un'immagine improvvisa riflessa in uno specchio.

Questo trucco usato nel cinema, in realtà viene usato molto spesso dai bambini nella vita quotidiana, per spaventare i loro coetanei. Arrivare all'improvviso alle spalle di qualcuno, genera paura.

Ma cos'è che scatena questa reazione?

Per spiegare questo fenomeno analizzeremo un'altra paura indotta: la paura che si prova sulle montagne russe. Su questi giochi, presenti in tutti i più grandi parchi di divertimento, la gente si reca appositamente per provare forti emozioni. La loro realizzazione, avviene sempre secondo uno schema: l'avvicendarsi repentino di salite e discese, intervallate da curve e periodi di relativa calma. Chiunque salga su questi giochi, è perfettamente a conoscenza che, a meno di qualche fatalità (rarissima), non esiste alcun pericolo. Nonostante questa consapevolezza, si ha paura. La stessa cosa avviene nel tunnel degli orrori: atmosfera lugubre, magari accompagnata da una musica tenebrosa, urla o risate malefiche improvvise, colpi di scena inaspettati con manichini orripilanti che sembrano andare addosso allo spettatore.

Il fattore scatenante in questo caso, è lo stesso, se pur supportato da elementi diversi, di quello usato nel cinema per spaventare: l'alterazione dell'equilibrio emozionale. Tutti noi, ci troviamo in uno stato di equilibrio emozionale, che non è niente altro che la nostra risposta neutra agli stimoli che ci si prospettano durante la nostra esistenza. Quando questi stimoli cambiano in maniera repentina, il nostro equilibrio si spezza, causando una risposta immediata che ha due diverse funzioni: la principale sicuramente è quella di riportare il nostro equilibrio verso lo stato iniziale di "calma emozionale" abbassando il livello di stress, innescando una reazione fisica. Il secondo è quello d'intervenire qualora la situazione venutasi a creare comporti un pericolo. Quando assistiamo alla visione di un film giallo e si "salta sulla sedia" per lo spavento, avviene una reazione a metà: se ci fosse un pericolo reale, invece di uno scatto nervoso, probabilmente si darebbe inizio ad una serie di azioni per fronteggiare la minaccia, oppure si fuggirebbe.

A molte persone piace provare quella scarica di adrenalina che si produce con la paura indotta (e quindi controllata/controllabile) e, come fosse una droga, ricercano sovente nuove emozioni, sempre più intense. A questo è dovuto il successo di sport estremi, quali il free climbing, il paracadutismo, le corse in macchina/moto, il bumping jumping, lo shark feeding, il surfing estremo, lo sci estremo ecc. Tutte queste attività che in teoria potrebbero mettere a repentaglio la vita, implicano una certa dose di coraggio e di irresponsabilità in coloro che le praticano. Naturalmente, la preparazione a queste discipline quasi sempre non è lasciata al caso, ma anzi è soggetta a studi meticolosi, proprio per diminuire il fattore rischio.

Il segreto del successo dei film gialli o dell'horror risiede proprio nella comune ricerca di forti emozioni: si va appositamente a vedere quel tipo di film, nonostante si sappia che possa mettere paura.

Tornando all'equilibrio emozionale, la musica può influire sul nostro stato d'animo, alterandolo. Sin dalla nascita essa viene usata per rilassare o per accompagnare una ninna nanna; i carillon hanno proprio questa funzione. Le melodie riescono a far vibrare le corde dell'anima. L'essere umano riesce a scegliere e ad associare la musica in base allo stato d'animo, o in base alla situazione che si sta vivendo o che si vuole vivere. Così, oltre alle melodie adatte al relax o alle musiche di sottofondo, esistono quelle adatte all'azione. In molti sport la musica può aiutare nelle prestazioni; in America per esempio, in alcune gare, l'uso di supporti musicali è considerato dopante e quindi vietato.

Così come vengono create musiche adatte all'azione, esistono quelle che alimentano la tensione e la paura. Per rompere l'equilibrio emozionale questo tipo di melodie devono necessariamente possedere determinati requisiti: l'inserimento degli strumenti deve avvenire in modo improvviso, rispetto all'armonia; questo inserimento repentino avviene per sottolineare una scena carica di tensione. Esistono poi dei motivi ripetitivi, o delle nenie che servono ad aumentare l'ansia dello spettatore e sono da preludio al fattore scatenante. Famose sono le musiche di film horror quali "Profondo rosso" di Dario Argento, interpretata dal complesso dei Goblin, oppure "Tabular Bells" di Mike Oldfield che faceva da colonna sonora al film "L'esorcista" di William Friedkin. Così come è molto celebre il motivo ripetitivo che accompagnava le scene cruente del film "Lo squalo" di Steven Spielberg.

Come mai alcune melodie, pur non essendo state create per fare da colonna sonora a film gialli o dell'horror, riescono ugualmente ad alimentare la tensione durante la visione del film? Ad esempio, tutta la colonna sonora del film "Arancia Meccanica", era composta da sinfonie di Beethoven, Gioacchino Rossini e addirittura dalla canzone "Singin' in the rain" che accompagnava alcune scene di violenza.

Questo avviene perché la musica nel nostro cervello viene elaborata e infine associata ad uno stato emotivo carico di tensione. "Singin' in the rain" non sarà più solo la musichetta frivola che accompagnava lo splendido balletto di Gene Kelly, ma diventerà la melodia associata ad una scena di stupro. Nell'Arancia Meccanica, veniva descritta proprio questa associazione che aveva luogo nella mente di una delle vittime: sentendo cantare quella canzone riprovava le sensazioni di orrore provate durante la violenza. In quel film lo stesso carnefice (Malcolm Mc Dowell), catturato e sottoposto ad un trattamento clinico sperimentale che prevedeva la visione forzata di scene di violenza accompagnate dalla musica di Beethoven, in seguito si sarebbe sentito soffocare praticando violenza al suono di quelle melodie.

Questo discorso naturalmente non riguarda solo il mondo del cinema, ma anche la vita reale. La musica viene associata a tutto, nella nostra mente; così come ci può ricordare il nostro primo amore o un magico incontro, allo stesso modo può essere la colonna sonora di un evento tragico o nel nostro caso di un momento di paura.

Tornando agli elementi della paura, l'ultimo fattore che è una conseguenza dei primi tre è la reazione individuale al pericolo manifesto. Una volta analizzata la nostra predisposizione (per esempio la paura di volare), la nostra valutazione del pericolo (annuncio in cabina passeggeri di allacciare le cinture per turbolenza), l'evento scatenante (successivo volo instabile con sussulti e perdite repentine di quota), avviene la nostra reazione alla paura, con successivo aumento dei battiti cardiaci, sudorazione, tensione nervosa, irrigidimento, pianto e urla; oppure altre reazioni potrebbero essere rappresentate da risate sfrenate o magari silenzio totale. Ognuno di noi ha una sua reazione specifica all'evento pericoloso o shoccante. Non bisogna mai dimenticare che la paura è un sentimento, e quindi è la risposta specifica che il nostro carattere o se vogliamo, la nostra anima fornisce agli stimoli che ci vengono dalla vita, così come può essere l'amore, la tristezza o la felicità.

La paura e il coraggio

Per analizzare il fenomeno della paura bisogna dare un'occhiata anche al suo opposto: il coraggio.

Che cos'è il coraggio? Il coraggio è una forza di volontà che ci permette di affrontare contesti difficili, i problemi, gli ostacoli della vita e le situazioni pericolose.

Il coraggio ha alcune affinità con la paura: entrambi ci vengono in aiuto per salvare la nostra vita o la nostra salute mentale. Entrambi dipendono dalla nostra cultura e dalla nostra formazione caratteriale; fattori esterni possono influenzare la loro quantità e qualità. Ambedue ci contraddistinguono come persone e ci caratterizzano. Esistono diverse forme di coraggio, così come esistono diverse forme di paura. Sebbene siano contrapposte, non sono strettamente dipendenti e collegate.

Il coraggio può essere facilmente scambiato con l'incoscienza: il coraggio è una forza caratteriale che generalmente ci consente di ponderare gli eventi in modo che affrontandoli sia tutelata allo stesso tempo la nostra incolumità fisica e mentale. L'incoscienza invece, è un abuso del coraggio e fa compiere azioni che possono mettere seriamente a repentaglio la nostra vita o i nostri valori. L'incoscienza alle volte ricerca il pericolo per assecondare il bisogno di rafforzare la nostra autostima e la voglia di provare forti emozioni, possibilmente sempre diverse. L'incoscienza tende all'autodistruzione proprio perché (lo dice la radice stessa della parola) si agisce senza seguire la coscienza, ossia la lungimiranza ma soprattutto la razionalità.

Quando veniamo a confrontarci con la società e le vicissitudini della vita, il nostro carattere sfodera le sue armi migliori per affrontare le necessità e le difficoltà. Il coraggio è una componente caratteriale che ci aiuta a superare i timori e le problematiche che si prospettano.

Sin da piccoli cerchiamo di alimentare questa forza, sottoponendoci a continue prove e sfide. In questo, il ruolo dei genitori nella prima infanzia è fondamentale, perché attraverso i loro comportamenti possono influenzare la determinatezza con la quale si affrontano le criticità. Dei genitori troppo protettivi e troppo presenti, che decidono di sobbarcarsi i problemi della loro prole "salvandoli" continuamente dalle responsabilità, potrebbero alimentare l'insorgenza di una o più debolezze caratteriali che facilmente si trasformano in paure o fobie. Ad esempio, un bambino abituato a dormire con i genitori, potrebbe avere difficoltà ad addormentarsi da solo o a dormire senza la vicinanza di qualcuno. Stessa cosa potrebbe avvenire se si abitua a dormire con una luce accesa: crescendo potrebbe aver timore di dormire al buio.

Mia figlia quando era piccola, per gioco, entrava dentro le camere da sola, spegneva la luce e chiudeva la porta; tutto ciò era per vedere l'effetto che aveva il buio su di lei. Questi non erano semplici giochi, ma delle prove naturali di coraggio, che lei attuava di sua iniziativa, per mettersi alla prova. Io stesso, intorno ai dieci anni, saltavo da un muro o mi lasciavo penzolare a testa in giù da un ponticello di sbarre alto due metri, per dimostrare agli altri quanto fossi temerario. Imprese stupide, per dimostrare al mondo e a me stesso quanto ero forte.

I bambini fanno continuamente queste prove, alle volte senza che i genitori se ne accorgano: salgono sugli alberi per superare la paura dell'altezza. Oppure saltano o si tuffano da altezze ragguardevoli. Vogliono toccare animali che non conoscono. Al lunapark desiderano andare su giochi difficili o paurosi. Si auto sfidano a compiere un'impresa o sfidano gli altri ragazzini per mostrare chi ha più coraggio. Incredibilmente, alle volte superano gli adulti nell'audacia, perché hanno una dose maggiore di incoscienza, ossia non sono consci del pericolo a cui vanno incontro con i loro comportamenti. Crescendo poi, decidono di sottoporsi a prove sempre più difficili, mostrando coraggio anche quando nel loro animo si cela la paura; ciò avviene per alzare sempre di più il livello di destrezza al quale aspirano; il giovane vuole dimostrare di essere tenace, di non temere nulla, di essere diventato finalmente un adulto. Anche dietro questa aspirazione, si spiegano le "morti del sabato sera": nel week end molti ragazzi perdono la vita in gravi incidenti automobilistici causati dall'alta velocità o dall'abuso di alcool e droghe. Certi comportamenti vengono dettati non solo dalla passione per la velocità o per l'uso di sostanze che alterano la percezione della realtà, ma anche per atteggiamenti atti a impressionare i loro coetanei e a suscitare una forma di rispetto e di meraviglia. Al riguardo mi viene in mente la scena famosa del film "Gioventù bruciata" il film del 1955 di Nicholas Ray, nel quale un giovane James Dean veniva sfidato ad una gara di coraggio in macchina, che alla fine comporterà la morte del suo avversario.

Esistono molte forme di coraggio, così come esistono molte forme di paura. Si può avere coraggio a correre con una macchina ad altissima velocità, ma temere di fare un'iniezione. Si può avere coraggio a maneggiare un'arma ma temere di volare; possiamo non avere timore di immergerci con gli squali, ma temere di affrontare una pista rossa sulla neve. Ognuno di noi ha dei limiti dettati dalla propria personalità e dalla propria cultura; non credo sia possibile stabilire i livelli di coraggio di una persona, anche perché ciascuno giudica gli altri secondo il proprio metro e quindi ciò che è coraggioso per me, non è detto che lo sia per un altro.

Il coraggio non si dimostra solo effettuando prove fisiche o di sopportazione. Esistono delle prove che si affrontano nella vita che implicano sicuramente una grande dose di coraggio, che non tutti sanno dimostrare. Ci vuole coraggio per affrontare lavori duri, per fronteggiare una platea, per eseguire un ordine che ci metterà in pericolo; ci vuole coraggio per redarguire un bambino, per affrontare una separazione, per sottoporsi ad un test. Ci vuole coraggio per trovare le parole, per chiedere perdono, per amare senza condizioni. Ci vuole coraggio per soffrire e per morire.

Nella vita esistono numerosissime prove nelle quali dovremo saper dimostrare di non aver paura, o meglio, di vincere la paura; infatti non è detto che chi compia un gesto o prenda una decisione, non lo faccia controvoglia, o senza temere alcunché. Il coraggio più grande si dimostra proprio quando, nonostante si abbia paura, riusciamo lo stesso nell'impresa.

Paure fobie e ossessioni

Così come esistono diversi tipi di paura, esistono diversi stadi nel quale viene espresso questo stato d'animo. Se la paura in genere deriva da una percezione di un pericolo reale o immaginario, essa può variare d'intensità.

Al primo gradino della scala, partendo da quello più blando, metterei il <u>timore</u>. Il timore è uno stato d'animo nel quale il soggetto interessato manifesta una preoccupazione per ciò che potrebbe accadere o per ciò che lo sta coinvolgendo nell'emozione; generalmente non esiste ancora un pericolo reale, ma la persona avverte che nell'immediato futuro potrà succedere qualcosa di spiacevole o che verrà posto a contatto di qualcosa o qualcuno che incute paura. Ecco per esempio che si può aver timore di essere interrogati a scuola, il timore di fare un'iniezione , il timore di aprire la porta ad uno sconosciuto o il timore di accarezzare un cane. C'è dunque, una previsione di pericolo che incute il timore, ma non sempre un contatto diretto e immediato con l'elemento o la situazione che ci preoccupa. Si risolve molto facilmente evitando l'oggetto, il soggetto o l'evento che infonde questa preoccupazione.

Al secondo posto della scala della paura salendo d'intensità, metterei <u>l'angoscia</u>. L'angoscia è uno stato mentale cosciente e alle volte incosciente, che si manifesta con una condizione d'ansia e apprensione. Anche in questo caso lo definirei come un campanello d'allarme o meglio uno stato d'allerta verso qualcosa che può evolvere negativamente. Se è vero che alle volte non vi è una situazione di pericolo effettivo, ma vi sono solo i presupposti affinché gli eventi cambino in maniera repentina, è vero anche che altre volte la situazione è realmente pericolosa e ci coglie impreparati, in balìa degli eventi e quindi disarmati; la paura in questo caso trasforma rapidamente l'angoscia in panico e quindi terrore, che sono gli stadi successivi della paura.

Quando si manifesta l'angoscia? Per esempio quando aspettiamo l'arrivo di un nostro caro (specialmente le persone che consideriamo indifese o deboli) e purtroppo l'attesa è lunga e inspiegabile. Nella nostra mente cominciano a instaurarsi delle immagini (come si dice fra i ragazzi: cominciamo a farci dei film in testa!) legate ad eventi a cui abbiamo assistito o sentito notizia.

L'angoscia può manifestarsi anche quando siamo messi al corrente di una brutta notizia e non conosciamo l'evolvere della situazione: per esempio quando riceviamo una telefonata perché un nostro caro è stato ricoverato in ospedale.

Proviamo angoscia anche quando vediamo qualcuno in serio pericolo di vita, per esempio quando assistiamo ad un incidente. Oppure, ancora peggio, quando assistiamo inermi a un pericolo mortale che coinvolge un nostro affetto: qualcuno aggredito da un animale feroce; qualcheduno in balia delle onde del mare; oppure un nostro familiare o amico coinvolto in una rissa (e che magari sta soccombendo). Questo può avvenire anche assistendo ad un incontro di pugilato o di altra disciplina nella quale vi sia una lotta che coinvolge un nostro pupillo.

L'angoscia si manifesta in tutti coloro che hanno paura dell'aereo e si trovano al gate d'imbarco e quindi in fila per entrare a bordo. Successivamente in aereo l'angoscia può presentarsi (anche in coloro che non temono l'aereo) attraversando una zona di turbolenza; in questo caso essa può sfociare molto presto in panico e terrore, asseconda dell'intensità dei sussulti.

Si può essere angosciati nella sala d'aspetto di un dentista o aspettando l'esito di un intervento chirurgico che interessa qualcuno di nostra conoscenza.

I genitori sono spesso angosciati riguardo la vita dei propri figli, specialmente quando questi ultimi diventano grandi e poco gestibili quando per esempio cominciano a guidare la macchina o cominciano ad uscire la sera.

Da questi esempi si evince che c'è una grossa componente d'ansia che caratterizza quasi sempre l'angoscia.

Anche quando sogniamo possiamo trovarci in uno stato d'angoscia, dovuto al fatto che le situazioni vissute nella nostra mente sembrano reali e quindi non riusciamo a distinguere la realtà dall'immaginario. Queste situazioni nascono appunto dall'esigenza della nostra mente e del nostro animo di sfogare le ansie della vita.

Al gradino superiore (nella mia scala) rispetto all'angoscia vi è il panico. Il panico a cui mi riferirò ovviamente è quello legato agli elementi della paura, e non alla patologia da cui può derivare l'attacco di panico.

Il panico si manifesta nel momento in cui le persone vengono travolte dalla paura. L'evoluzione è avvenuta, in quanto si è manifestato il pericolo che prima avvertivamo come minaccia. Per fare alcuni esempi concreti: si prova angoscia quando sentiamo dei rumori sospetti nella notte, che si trasforma in panico quando avvertiamo che qualcuno è effettivamente entrato nella nostra abitazione.

A scuola gli alunni hanno l'angoscia delle verifiche, ma vanno in panico quando vengono chiamati all'interrogazione.

Si va in panico quando la nostra automobile non risponde più ai nostri comandi, per esempio quando si rompono i freni o si sbanda sul ghiaccio, (ma presto si trasforma in terrore, se non riusciamo a recuperare la situazione).

Il panico si manifesta nelle persone che hanno paura delle funivie quando queste si fermano a mezz'aria e magari ondeggiano.

Si va molto spesso in panico sott'acqua durante le immersioni, per svariati motivi, legati principalmente a problemi concernenti il flusso d'aria erogato dalle bombole o per la perdita della maschera, che influisce sul nostro senso d'orientamento. Sempre durante le immersioni si può andare in panico dentro le grotte perché non si riesce più a trovare l'uscita. Ma questo avviene anche sulla terra ferma, per esempio nei boschi quando perdiamo le tracce del sentiero che ci riporta sulla strada o verso la sicurezza.

I bambini vanno in panico quando si perdono o perdono di vista i propri genitori. Mi ricordo che da bambino provavo questa terribile sensazione di abbandono e quindi di panico, quando perdevo i miei genitori e non li riuscivo a trovare, che poi è lo stesso panico provato da grande quando per trenta secondi mi sono perso mia figlia di due anni dentro un magazzino.

Il panico si prova quando i nostri figli si fanno male seriamente e noi non sappiamo come affrontare la situazione. Questo avviene in modo particolare in presenza di brutte ferite, sangue o perdita di coscienza. Ci sono tantissimi casi nei quali ci lasciamo andare al panico. Alle volte questo stato procura un tale stato di agitazione e di ansia che riesce a oscurare i nostri sensi e ci impedisce di ragionare. Ad esempio quando qualcuno è sottoposto a un controllo da parte dell'autorità e per l'agitazione non riesce a trovare i documenti (molto spesso pur avendoli davanti). Si può andare in panico facilmente anche di fronte a persone che reputiamo importanti, trascinati forse dalla soggezione. Il panico in questi casi, ci fa dire cose sconsiderate, ci fa balbettare, oppure ci ammutolisce impedendoci di esprimere le nostre idee. Succede molto spesso che il panico possa paralizzare o togliere addirittura il respiro e nelle persone asmatiche possa provocarne una crisi. Comunque sarebbe riduttivo affermare che questo stato d'animo possa manifestarsi solo in persone altamente emotive o negli ipertesi. Il panico è semplicemente uno stato emotivo alterato conseguente alla paura.

Anche il panico però può trasformarsi e diventare vero e proprio terrore. Il terrore nella scala della paura è il grado massimo. E' la forma più estrema di paura e può colpire chiunque. Il terrore generalmente è causato da un pericolo imminente considerato insormontabile, che può mettere in serio pericolo la nostra vita o quella dei nostri cari. Si ha terrore per esempio quando siamo minacciati con un'arma, oppure assistiamo ad una rapina a mano armata (in questo caso anche se non siamo direttamente minacciati, ci sentiamo coinvolti emotivamente come se riguardasse solamente noi).

Possiamo essere assaliti dal terrore quando veniamo personalmente aggrediti da una belva. Oppure come già abbiamo accennato prima, in aereo, durante le fasi critiche di un volo. Per esempio, ho sempre pensato al terrore estremo provato dai passeggeri in un velivolo che sta precipitando: un vero incubo.

Il terrore è scatenato anche da alcuni tragici eventi quali terremoti, cicloni, uragani, tsunami ed eruzioni vulcaniche. L'intensità del fenomeno e la nostra impreparazione incidono molto sulla risposta emotiva che daremo durante l'evento. Proprio con quest'ultima affermazione si capisce che il terrore implica il coinvolgimento diretto in un evento drammatico e in una situazione in atto; si ha terrore per ciò a cui stiamo assistendo o per ciò che stiamo subendo. L'ipotesi che l'evento avesse la possibilità di evolvere positivamente si è perso e stiamo affrontando la negatività estrema, ciò che temevamo e che più ci spaventa. Un'altra caratteristica del terrore è la mancanza di alternative e possibilità di uscirne se non combattendo (quando l'evento ce lo consente, altrimenti siamo costretti alla passività: il nostro fisico in questo caso reagisce urlando, irrigidendosi, chiudendo gli occhi oppure sgranandoli nella tipica espressione di terrore).

Molto spesso si confonde il terrore con la fobia e l'ossessione (quando l'ossessione è sinonimo di paura). Vi sarà capitato di sentire: "Ho il terrore dei topi!", oppure: "Ho il terrore dei ladri!". In realtà, proprio perché il terrore implica un manifestarsi dell'evento raccapricciante, queste affermazioni sono sbagliate. Sarebbe più giusto asserire: "Ho la fobia dei topi", oppure "Ho paura dei ladri", tanto per fare due esempi. Quando si verrà a contatto con il soggetto o l'oggetto delle nostre fobie, allora si manifesterà la paura in tutti i suoi gradi (timore, angoscia, panico, terrore).

La fobia, dal greco phòbos, indica paura e repulsione molto spesso irrazionale, per certe situazioni, attività, comportamenti, animali, persone e alle volte semplici oggetti; nel corso del tempo queste paure possono rimanere latenti e persistenti; nei casi più gravi possono limitare le azioni del soggetto interessato. Per i medici la fobia è una manifestazione psicopatologica riguardante stati dell'Io. Il soggetto fobico tende a fuggire da tutto ciò che in lui crea uno stato d'ansia. Oggetti, soggetti o situazioni possono essere caricati di valori negativi nella mente del fobico, che non riesce a sottrarsi alla sua paura, nonostante alle volte si renda conta dell'insussistenza del pericolo e dell'irrazionalità dei suoi atteggiamenti. Siccome queste paure sono dovute ad un'elaborazione errata della realtà, esistono fobie riguardanti qualsiasi cosa dell'universo che ci circonda. Alcuni tipi di fobia sono assai noti e comuni, mentre altri potrebbero essere considerati incredibili. Ho voluto fare una sorta di classificazione delle fobie suddividendole in quattro macrofobie: le fobie comportamentali, le fobie psico-sentimentali, le fobie ambientali, le fobie animali.

Le fobie comportamentali sono paure generate da azioni che dobbiamo intraprendere; esse sono generate da un grosso senso d'insicurezza. Chi soffre di fobie comportamentali, avverte che tutto ciò che si va a compiere genera pericolo e fallimento.

Le fobie psico-emozionali sono generate da un'instabilità emotiva e da una fragilità della personalità. Questo genere di fobico equivoca sovente le sensazioni, i sentimenti, le emozioni, le attitudini personali, le relazioni con gli altri.

Le fobie ambientali sono generate dall'associazione che la mente del fobico effettua tra il luogo in cui avviene l'azione e il pericolo che si è vissuto (personalmente o da altri). Da ciò, si capisce che questo tipo di fobie scaturiscono da un'esperienza pregressa che ha traumatizzato l'animo, lasciando un segno profondo nella psiche.

Le fobie animali, oltre che dalle esperienze pregresse traumatizzanti, nascono dal confronto che la nostra mente effettua tra la nostra specie e le altre. Non è detto che gli animali temuti siano effettivamente pericolosi o che abbiano già costituito in passato un pericolo. Le fobie animali possono derivare da eventi negativi occorsi ai nostri simili: il fobico tende ad appropriarsi delle esperienze altrui, estrapolando ed enfatizzando il pericolo vissuto da altri.

Di seguito elencherò le fobie più comuni e più famose.

Acarofobia: è il timore di aver prurito, ma soprattutto degli insetti che causano prurito (pulci, zecche, parassiti vari). E' una fobia che colpisce molto spesso chi si reca negli alberghi (anche il sottoscritto!), oppure chi dorme in posti considerati sporchi o igienicamente al di sotto di quello che noi consideriamo un livello soddisfacente. L'uomo tende ad avere paura soprattutto di ciò che non vede; un pericolo latente è, per molte persone, un qualcosa di più pericoloso perché subdolo e difficilmente affrontabile.

Acatartofobia: paura dello sporco e della polvere. Come l'acarofobia, lo sporco e la polvere possono contenere germi, che sono invisibili nemici del nostro corpo e attentatori della nostra salute. Coloro che hanno questo tipo di fobia, devono vivere in ambienti puliti e le pulizie devono essere eseguite da loro stessi, altrimenti il timore rimane, mantenendo alto il livello di stress mentale. E' conosciuta anche come Rupofobia.

Acluofobia: paura dell'oscurità. L'oscurità o il buio sono due situazioni che l'uomo ha sempre vissuto con ansia. Come già ho accennato, sin da bambini temiamo di rimanere al buio, forse perché portiamo dentro, scritto nel nostro DNA che il buio può nascondere il pericolo. Non bisogna dimenticare che all'alba dell'umanità, ci trovavamo completamente avvolti nell'oscurità e questo è avvenuto per millenni, fin quando l'uomo ha scoperto come controllare il fuoco e se n'è servito per illuminare le sue notti e per difendersi dai pericoli. Anche nell'epoca moderna nonostante non si è più circondati da predatori, il buio può celare il pericolo: le aggressioni generalmente avvengono principalmente con il favore delle tenebre; i ladri entrano nelle case soprattutto di notte. La notte può altresì evocare nelle nostre menti l'immagine della morte. In fondo quando pensiamo alla nostra fine, c'immaginiamo di essere avvolti nel buio; quando recitiamo "L'Eterno riposo", e preghiamo per i nostri morti affinché "Splenda ad essi la luce perpetua", (che in questo caso proviene da Dio) pensiamo proprio a questo.

La fobia del buio (quindi uno step superiore alla paura) toglie il fiato, ci paralizza e acuisce i nostri sensi: cerchiamo invano di sopperire con le nostre facoltà alla mancanza di luce e di conseguenza alla possibilità di vedere. Quando ci colpisce questa fobia? Ovviamente quando andiamo a letto e spengiamo la luce; quando dobbiamo entrare in una stanza buia e rimaniamo bloccati sull'uscio. Questo timore può colpire anche quando ci propongono di fare un bagno in mare di notte ed esitiamo a tuffarci. Insomma quando dobbiamo svolgere un'attività di qualsiasi tipo al buio e rimaniamo bloccati a causa della nostra fobia. Banalmente si può dire che l'uomo è senz'altro un animale diurno, che ama la luce e svolge prevalentemente la sua vita sociale di giorno o di notte, purché sia illuminata e per questo motivo molte persone rifuggono dal buio. Purtroppo madre natura non ci ha dotato degli occhi dei felini. La soluzione? Bisogna abituarsi al buio gradualmente, anche attraverso l'uso di piccole luci di cortesia e analizzare quali siano i veri motivi alla base di questa fobia.

Afefofobia: paura del contatto e di essere toccati. Questo tipo di fobia impedisce di relazionarci facilmente con gli altri. Le persone interessate tendono a evitare qualsiasi contatto: evitano di dare la mano, evitano i baci e gli abbracci, evitano i luoghi pubblici per paura di essere semplicemente sfiorati dalla gente intorno. Non bevono nei bicchieri e nelle tazze dei bar e a casa si riservano di mangiare con le proprie posate e di bere nel proprio bicchiere. Questa fobia nasce da una grossa insicurezza caratteriale che vede nel contatto con i propri simili un potenziale pericolo per il proprio corpo e per la propria salute. Gli altri sono "sporchi" e portatori di microbi e invasori del nostro spazio vitale.

Algofobia: paura del dolore fisico. Questo tipo di fobia è presente quasi nella totalità dei bambini e può alle volte non essere superata anche nell'età adulta. Molti bambini hanno la fobia delle iniezioni o di recarsi dal dentista proprio a causa della paura che si possa provare dolore. La fobia della sofferenza fisica può protrarsi nel tempo e il ricordo di quanto abbiamo patito può rimanere nella nostra mente e ricomparire ogni volta che dobbiamo curarci. La paura del dolore fisico può sorgere indirettamente, può cioè manifestarsi a causa di attività che ci hanno portato sofferenza fisica. Ad esempio, se siamo rimasti feriti a causa di una caduta in moto e ne siamo rimasti turbati o scioccati, potremo avere la fobia di guidare nuovamente un mezzo a due ruote per paura di soffrire. Abbiamo quindi delle paure che sono correlate fra loro.

Esistono poi tutta una serie di fobie legate al mondo animale. Si parte dalla generica Zoofobia, ossia la paura degli animali, alla Agrizofobia che si limita a quelli selvatici. Si passa poi, partendo da quelli invisibili, alla Bacillofobia, che è la fobia dei bacilli, batteri, spore. Sempre in ordine di grandezza troviamo la Pediculofobia, ovvero la fobia dei pidocchi, che colpisce generalmente chi ne è stato infestato o ha visto qualcuno, specie nell'adolescenza, che ne è stato colpito. Vi è quindi la generica Entomofobia, ossia la fobia degli insetti. Poi nello specifico troviamo l'Apifobia o Melissofobia che è la fobia delle api (un'altra delle mie fobie), per passare poi alla famosa Aracnofobia (o Aracnefobia), che è la fobia dei ragni (vista in alcuni film dell'horror). Altre due fobie famose, raccontate più volte da Hollywood sono l'Elmintofobia, ossia la fobia per i vermi (di cui soffre mia moglie) e l'Ornitofobia, la paura degli uccelli (che perseguita mio cognato) da cui traeva spunto il famoso film di Alfred Hitchcock "Gli uccelli" (1963). Mia madre invece oltre a soffrire di Musofobia o di Murofobia, conosciuta anche come Zemmifobia che sono le fobie per i topi o grossi topi, soffre anche di Erpetofobia o Ofidiofobia che è la fobia dei rettili e degli animali che strisciano.

Esiste anche la Batracofobia, ossia la fobia per le rane e gli anfibi e la Bufonofobia, ovvero la paura per i rospi.

Mia sorella (come tante altre persone) da piccola era affetta da Cinofobia, la fobia per i cani. Ma c'è anche chi è affetto da Ailurofobia, la fobia per i gatti. Anche animali mansueti come i cavalli possono generare fobie: la Mottefobia, è la paura degli equini, generata con molta probabilità da eventi traumatici occorsi soprattutto nell'infanzia o nell'adolescenza, come per esempio un morso di un cavallo, o l'imbizzarrirsi improvviso dell'animale o essere stati disarcionati; abbastanza comprensibile invece è la Elasmofobia, la fobia per gli squali e la Taurofobia, la fobia per i tori (forse diffusa in Spagna).

Le fobie umane sono rivolte molto spesso verso l'ambiente che ci circonda: l'Agyrofobia è la paura della strada o di attraversare; chiunque abbia avuto un'esperienza spiacevole nell'attraversare la strada in Italia sicuramente può sviluppare questo tipo di paura! L'Acusticofobia è la fobia dei rumori: molte persone, con l'aumento dell'inquinamento acustico hanno sviluppato questa repulsione, ma anche persone che assumono dei medicinali che possono causare come effetto collaterale l'acufenia.

Acrofobia: paura dell'altezza e dei luoghi alti. Questo tipo di fobia impedisce di recarsi in luoghi che offrono la sensazione dell'altezza o posti in alto. Si confonde molto spesso l'acrofobia con le vertigini: come per tutte le fobie, esiste un impedimento volontario e molto spesso involontario che annulla quasi totalmente qualsiasi azione. Quelli come me che soffrono di vertigini invece, spesso cercano di combattere questa limitazione, raggiungendo altezze "proibitive" tentando in ogni modo di superare la difficoltà e di arginare le conseguenze del malessere che ne deriva. Sin da bambino, quando mi affacciavo dal balcone della mia casa posta al terzo piano, venivo colto da numerosi problemi, quali sudorazione delle mani, tremore di gambe, annebbiamenti di vista oltre all'aumento di pressione cardiaca e aumento dei battiti, ma questo non m'impediva di guardare di sotto, anzi venivo quasi stuzzicato nel farlo. Nel corso degli anni, proprio perché non è una fobia, per una mia cocciutaggine caratteriale, ho tentato molto spesso di vincere questo problema ma con scarsi risultati. In vacanza al mare, ho provato anche il parafly, ossia un paracadute con cui si vola a circa venti-trenta metri di altezza, trainato da una barca a

33

motore. Il risultato è stato molto negativo: sono rimasto talmente teso per tutto il percorso, che i muscoli addominali e quelli delle spalle e del collo mi hanno fatto male per una settimana.

<u>Agorafobia</u> (da agorà, piazza): paura degli spazi aperti. Questo tipo di fobia, tra le cause che annovera quali shock sociali subìti dall'individuo, potrebbe altresì avere delle reminescenze legate alla nostra infanzia. Il feto, è abituato a sentirsi protetto da un involucro e necessita quindi di pareti da toccare in uno spazio limitato; quello è il suo ambiente nel quale si sente protetto. Anche dopo il parto, molti neonati tendono a occupare spazi ben delimitati, oppure a dormire accanto alle pareti della culla o del lettino. A molti bambini poi, durante l'infanzia viene negato il contatto umano; crescendo questa necessità potrebbe riaffiorare dai ricordi o, non essendo mai stata effettivamente superata, instaurarsi definitivamente nella mente e rappresentare una costante di vita. Le persone che hanno questo tipo di fobia, quando si trovano all'esterno o all'aria aperta, provano un senso di confusione e soffrono la mancanza di riferimenti; provano la stessa sensazione di chi è disperso in mare. L'agorafobia può generare la paura di uscire di casa e quindi di svolgere qualsiasi attività che comporti l'abbandono del proprio ambiente: sovente si organizzano per poter vivere senza la necessità di uscire. Ordinano i generi di prima necessità per telefono o internet, svolgono attività fisica nel domicilio e lavorano generalmente da casa (se riescono a trovare un'occupazione che glielo consente). L'agorafobia è anche paura della folla, del contatto umano, il rifiuto totale della società come aggregazione di persone. Molto spesso l'uomo tenta di superare queste fobie, proprio perché si rende conto che sono paure molto soggettive e prive di un fondamento reale, ma per superarle è richiesto un approccio lungo e non sempre fattibile. Un film molto significativo che mostra chiaramente tutti i lati dell'Agorafobia è "Alla ricerca di Nim" di Jennifer Flackett e Mark Levin del 2008, dove Jodie Foster impersona i panni di una scrittrice che ha questo tipo di fobia che la costringe a vivere reclusa nel suo domicilio.

La Nosocomefobia è la fobia degli ospedali (avevo uno zio che ne soffriva). La Coimetrofobia è invece la fobia dei cimiteri. Queste due ultime fobie derivano probabilmente dall'associazione che la mente effettua fra il luogo e l'evento negativo (la malattia e la morte) e il suo totale rifiuto.

La Didascaleinofobia è la fobia per la scuola. Questa avversione non è presente solo nei bambini, ma anche negli adulti che hanno vissuto il periodo scolastico come un trauma e non hanno elaborato la loro paura.

L'Ecclesiofobia è la fobia per i luoghi di culto, per le chiese. In questo caso, probabilmente ci possono essere diversi fattori scatenanti: il luogo austero e severo, la paura di Dio, il luogo chiuso e il silenzio. Perfino le statue e i quadri presenti in questi luoghi possono influenzare la suscettibilità delle persone. Oltre a questo, purtroppo ci sono soggetti che hanno subito violenze fisiche da parte di membri ecclesiastici e che di conseguenza hanno sviluppato questa particolare avversione verso i luoghi di culto.

L'Eisoptrofobia è la paura degli specchi. Questa nasce dal timore del confronto con la propria persona oppure dalla paura di vedere riflesso qualcosa che non si vuole vedere: le persone che soffrono di sdoppiamenti della propria personalità e coloro che hanno "visioni" (di qualsiasi natura) possono presentare questo tipo di disturbo.

Anche gli elementi naturali possono causare delle fobie: l'Idrofobia è la fobia dell'acqua. La Fotofobia è la fobia della luce. Questi due elementi naturali, hanno a che fare con shock subiti nel passato: nella mente del fobico, ogni situazione pericolosa o traumatica, viene costantemente manifestata quando nel presente si torna in contatto con ciò che ha scatenato la fobia. La mente si comporta come un disco di vinile con un solco profondo sulla superficie, che ad ogni giro fa saltare puntualmente la testina. Ad esempio, se una persona ha corso il pericolo di affogare, (specialmente se ciò è avvenuto nella prima infanzia), potrebbe avere la fobia dell'acqua, specialmente del mare, dei laghi e fiumi, ma anche semplicemente di una vasca

35

colma di acqua. Anche per ciò che concerne la luce, (anche se meno frequentemente), individui che hanno subito shock repentini di luce violenta, tendono a vivere nella semioscurità e a scegliere di svolgere le proprie attività di notte.

I nostri comportamenti e la paura di essere giudicati sono altresì fonte di paure. L'Amartofobia è la fobia di sbagliare o di peccare (questa fobia molto spesso sfocia in una vera e propria ossessione). Nel film del 1996 "Le onde del destino" di Lars Von Trier, la protagonista aveva la fobia che Dio osservasse e giudicasse il suo operato ed era letteralmente ossessionata dal peccato, pensando addirittura che tutte le disgrazie che stava patendo il marito fossero da collegarsi al modo di vivere peccaminoso che stava conducendo.

L'Athychifobia descrive la paura di fallire. A causa di questa paura molta gente ha difficoltà a intraprendere un'attività o a portarla a compimento. Da non essere confusa con il pessimismo: il pessimismo implica un giudizio che si dà sull'esito di un evento che si sta per compiere. La fobia invece, essendo una paura, impedisce il compiersi dell'evento.

La Disabiliofobia è la paura di spogliarsi di fronte a qualcuno. Questa non deve ovviamente essere confusa con la timidezza. La timidezza è un impaccio dovuto principalmente al pudore o alla vergogna. La fobia di spogliarsi, impedisce l'atto di denudarsi, portando il soggetto a tremori, a pianti o alla fuga.

L'Autodismorfobia è la paura di essere brutti, sgradevoli o deformi. Questa fobia molto comune, colpisce sia uomini che donne, con una maggiore percentuale fra queste ultime in quanto, attribuiscono alla bellezza un valore maggiore rispetto all'altro sesso. A causa di questa fobia (che nasce principalmente dal fatto che le persone non si accettano per quello che sono), si ricorre sovente al chirurgo plastico, anche quando non ce n'è veramente bisogno. Può inoltre manifestarsi la volontà di cancellare la propria immagine, evitando per esempio di specchiarsi (come nell'Esoptrofobia) o nei peggiori casi, di praticare atti autolesionistici che possano modificare o camuffare le caratteristiche della propria persona.

L'Autodismorfobia può nascondere un altro tipo di fobia: l'Atelofobia, ovvero l'avversione per l'imperfezione. Quando si soffre di Atelofobia il nostro "computer biologico" ovvero il nostro cervello, inquadra le imperfezioni come storture dell'Universo, comandando la fuga, l'abbandono, il panico, ma anche la modifica.

Continuando con la lista delle fobie, molto famosa è la Coulrofobia, la fobia dei clown. Il capolavoro di Stephen King "IT" del 1986 da cui è stato tratto l'omonimo film, aveva come protagonista un demonio che prende la forma di un clown. Mia moglie, sebbene non sia a livello di fobia, ha una totale avversione verso i clown. La Coulrofobia può essere simile all'Automatonofobia che indica l'estrema avversione per ciò che è fatto ad imitazione dei tratti umani, come le bambole, le statue, gli spaventapasseri, i burattini. Alcuni bambini possono avere questo tipo di fobia e, per traumi subiti nell'infanzia, conservare questo timore; nonostante la logica li porti a metabolizzare questa paura, evitano qualsiasi contatto, soprattutto quello visivo, con ogni tipo di manufatto che imiti l'essere umano. Molto spesso, se gli viene domandato il motivo di questa fobia, rispondono che possono indurre a sognare situazioni paradossali e quindi avere incubi sull'oggetto delle loro fobie.

Ci sono poi degli stati di paura che nascono dall'insicurezza umana. L'Amaxofobia è la paura di guidare la macchina. Questa può manifestarsi dopo un incidente nel quale si è rimasti coinvolti (specialmente se si è responsabili dell'evento). L'Amaxofobia colpisce generalmente tutti coloro che hanno poca fiducia in se stessi e negli altri o che vanno nel "pallone" ogni qualvolta sono messi sotto pressione.

L'Anchilofobia è la paura dell'immobilità di un arto. Ne soffrono generalmente i soggetti che pensano di non possedere il pieno controllo del proprio corpo. Può essere associata, per esempio, alla paura che il proprio cuore possa smettere di pulsare o che i polmoni smettano di contrarsi e quindi di soffocare (Anginofobia).

Alcune fobie possono scaturire dalla mancanza di fiducia riposta negli altri o dalla convivenza con i nostri simili: l'Antropofobia indica appunto la paura della gente e dei contatti sociali. Questo tipo di fobia va molto in contrasto con la natura umana, visto che l'uomo tende ad aggregarsi nella società.

L'Androfobia invece è la paura verso il genere maschile, sia da parte di un uomo che di una donna, mentre la Biofobia è la paura della convivenza con altre forme di vita, che siano esseri umani o animali. Vi è poi la Calliginefobia, che è la paura di rapportarsi con donne belle. La Catagelofobia è la fobia di essere presi in giro. La Contreltofobia è la fobia di essere stuprati.

Come si evince da questi ultimi esempi di paure, nell'essere umano può instaurarsi qualsiasi tipo di fobia, oltre che verso l'ambiente che lo circonda, verso se stesso e i suoi simili. Le fobie possono nascere naturalmente nell'animo umano, essere trasmesse dai nostri genitori, perfino dai nostri avi, oppure nascono da traumi, shock e turbamenti a cui siamo sottoposti sin dal momento della nostra nascita se non dal periodo fetale.

Anche i sentimenti possono generare delle fobie: la Filofobia per esempio è la fobia d'innamorarsi. L'Eterofobia è la paura del sesso opposto. L'Idrofobia è la paura della rabbia (sia quella degli altri che la nostra). La Monofobia è invece (provata in passato anche dal sottoscritto) la paura della solitudine o di rimanere soli. L'Omofobia è la fobia e quindi l'avversione verso gli omosessuali, ma anche il timore di divenire omosessuale. L'omofobo ha paura in realtà dei propri limiti, delle proprie debolezze caratteriali; ha paura di scoprire lati della propria personalità che non sapeva di avere. L'omofobia nasce anche dalla paura dello scherno, di essere cioè etichettati come gay e per questo derisi, emarginati o esclusi.

Piuttosto famigerata e comune nella società moderna è la Xenofobia, ossia l'avversione e la fobia per tutto ciò che è straniero, anche se nell'accezione moderna viene intesa come razzismo. La xenofobia è rivolta verso tutti coloro che sono diversi da noi negli usi, nei costumi, nel linguaggio, nella religione oltre che ovviamente nei tratti somatici e nel colore della pelle. Questa fobia è presente nelle società multietniche, quindi praticamente in quasi tutti i paesi del mondo, dove si è persa l'identità specifica di una popolazione (ad esempio la prevalenza della razza caucasica), per fare spazio ad altre specificità. La xenofobia rappresenta la paura del confronto, ma anche la paura di perdere le assistenze, i privilegi, la previdenza, il lavoro, la sicurezza, garantiti da uno Stato ai propri cittadini. Si ha paura di perdere tutti i vantaggi dello status quo della cittadinanza d'origine. La xenofobia implica una certa dose di egoismo: non si vuole condividere il proprio territorio, le proprie tradizioni, e tutti i benefits del nostro Paese. Questo non avviene solo nelle nazioni benestanti, perché non è solo la ricchezza che non si vuole condividere, ma la terra natale, la propria razza e la propria cultura. Si potrebbe pensare che questa fobia nasca anche da un complesso d'inferiorità che si ha nei confronti del diverso: lo straniero che "invade" il nostro territorio, sgomita e si arrampica nella società, si adatta e lotta per prevalere, per affermarsi; affronta dei sacrifici che non si è più disposti a fare, arrivando così dove gli altri non arrivano e suscitando invidie e gelosie. Come spiegare però la xenofobia a livello di razzismo? Coloro che dividono il genere umano in razze e ne fanno un concetto di separazione e di distinzione, assurgono come tesi il fatto che "quelli diversi" sono brutti, sporchi, maleodoranti, malati, incivili o maleducati, rozzi e invadenti, finanche pericolosi. La xenofobia purtroppo è un retaggio storico, che risale all'alba dell'Umanità, quando le tribù si scontravano per proteggere il proprio territorio e nessun diverso era ammesso a beneficiare delle ricchezze della comunità. La xenofobia presenta tre affinità con l'omofobia: entrambe sono rivolte verso i nostri simili; ambedue sono rivolte verso coloro che vengono considerati "diversi" e non facenti parte della "nostra società"; tutti e due sfociano nella violenza. Sovente vengono praticate brutalità e prepotenze per l'allontanamento e la "punizione" degli individui "diversi". Sia lo xenofobo che l'omofobo quindi, vedono nella diversità degli altri una colpa che va condannata e castigata. L'omofobo può essere anche influenzato da dettami religiosi, che quasi sempre condannano chi fa pratiche omosessuali.

Dopo quest'excursus sul tema delle fobie, vediamo invece cosa sono le ossessioni.

Generalmente per ossessione, s'intende una fissazione patologica rivolta verso qualcosa o qualcuno. Una sorta di tarlo che s'insinua nella mente. L'ossessione di cui vorrei parlare fa invece riferimento ad una paura persistente, duratura, incancellabile e insuperabile verso oggetti, soggetti, comportamenti o ambienti. L'ossessione non è sempre manifestata, anzi molto spesso è celata e inconfessata. Tutti coloro che hanno delle ossessioni, combattono una guerra intestina nell'ambito della propria personalità. L'Io razionale si scontra con l'Io irrazionale. Non bisogna confondere il terrore con l'ossessione: mentre il terrore nella scala delle paure si trova al massimo livello e si manifesta a seguito di un rapporto diretto con l'evento o l'oggetto delle nostre paure, l'ossessione può essere una paura anche di grado moderato che però è sempre presente nei nostri pensieri lungo tutto l'arco della nostra esistenza. L'ossessione non nasce da un pericolo effettivo, ma solo da una errata percezione o valutazione della realtà costante nel tempo. L'ossessione non va confusa nemmeno con la fobia. L'ossessione è un tarlo come ho già detto, che condiziona la vita giorno per giorno. Quali ossessioni esistono che hanno attinenza con la paura? Come per le fobie, le ossessioni possono riferirsi ad ogni cosa, persona evento o comportamento che riguarda la vita umana. Citerò quelle più frequenti.

Ossessione verso le persone: in questo campo le ossessioni possono riguardare il colore della pelle, la barba, il colore dei capelli, i difetti fisici, le menomazioni, il modo di parlare, lo sguardo e persino il colore degli occhi.

Ossessione verso le attività umane: anche le varie attività lavorative possono rappresentare un'ossessione per taluni individui. Lavori svolti in divisa, quali le forze dell'ordine, i medici, gli ecclesiastici, gli avvocati, gli insegnanti; gli addetti alle pompe funebri, i macellai.

Ossessioni riguardante animali: ossessione per i serpenti, per i vermi, per i topi, per gli insetti in genere, per gli uccelli, meno frequentemente per i pesci.

Ossessioni riguardanti la natura: ossessioni per il mare, per il vento, per i temporali, per il buio.

Ossessioni riguardanti sentimenti, emozioni, problemi esistenziali: ossessione per l'amore, per la morte, per il sesso, per la vecchiaia, per Dio, per il Diavolo, per il male, per il peccato; manie di persecuzione.

Ma qual è la differenza fra paura, fobia e ossessione?

La paura, (in tutti i suoi gradi), implica il rapporto fra il soggetto e l'oggetto della paura. La paura è legata ad una valutazione del pericolo, ed ha come base l'esperienza vissuta (da noi stessi o dagli altri). Nella maggior parte dei casi è reale e razionale. La fobia, non prevede necessariamente il rapporto con ciò che si teme. Non sempre ha come base l'esperienza ed è prevalentemente irrazionale. L'ossessione è una rielaborazione alterata e personale dei fattori che caratterizzano la vita in tutte le sue espressioni e in particolar modo delle paure. Come ho già detto, esiste uno scontro permanente nell'individuo ossessivo fra la razionalità e l'irrazionalità. A differenza del fobico che rifugge l'oggetto della fobia, l'ossessivo vive l'ossessione e ne è pervaso.

Come si comporta l'individuo ossessivo? Quando si manifesta un'ossessione, essa comporta una serie di ragionamenti alterati, che sconvolgono il corso normale della vita. L'individuo ossessivo si pone in atteggiamento difensivo, elaborando costantemente la paura nella sua testa. Farò degli esempi.

Coloro ossessionati da Dio, percepiscono che qualsiasi attività svolgono nella vita, è sotto una lente d'ingrandimento e viene giudicata (il più delle volte mal giudicata); hanno costantemente paura di offendere Dio con le loro azioni e di peccare in ogni modo, anche eseguendo semplici gesti quotidiani come lavarsi o parlare con qualcuno. In questo assomiglia alla semplice paura

41

di Dio (vedere il capitolo dedicato a questa paura). La differenza sta nella persistenza quotidiana, nei pensieri, più che nelle azioni (che il più delle volte non vengono nemmeno eseguite).

Al contrario, chi è ossessionato dal Diavolo, riesce a vedere il male in ogni cosa e in ogni persona. Dal suo punto di vista, è oggetto di continue tentazioni, appositamente create dal maligno per fare adepti nel mondo, dalle quali non può sottrarsi. Egli stesso si sente indemoniato e se alle volte tende a isolarsi per salvaguardare gli altri dalla propria personalità malefica, frequentemente, si cala veramente nei panni del Diavolo, attuando comportamenti malvagi.

Passando ad un'altra ossessione, vorrei prendere in esame quella rivolta all'amore: coloro affetti da questo tipo di ossessione, non riescono a vivere una vita affettiva normale, in quanto qualsiasi rapporto, generalmente, risulta al di sotto (e qualche volta al di sopra) delle proprie aspettative. Le persone che si vorrebbero amare, non risultano mai all'altezza del sentimento e si ha sempre paura di non essere corrisposti abbastanza. L'ossessione dell'amore, non determina un allontanamento di coloro a cui si rivolgono i sentimenti, ma i rapporti affettivi vengono vissuti instabilmente, con profonda insoddisfazione e ansia e una mancanza totale di serenità. Il tarlo di pensieri contorti riguardo questo sentimento, s'insinua prepotentemente nella testa, cancellando ogni positività all'amore.

L'ossessione per le varie attività umane invece, comporta una paura permanente rivolta verso le persone che svolgono determinate professioni. Chi prova ossessione riguardo avvocati o a medici, pur non evitando la loro frequentazione, ne ha costantemente paura o sfiducia. Ogni loro comportamento viene sottoposto ad una continua critica mentale distruttiva e il loro operato è giudicato come un attacco personale alla propria libertà, salute o disponibilità economica.

Coloro che sono ossessionati dagli animali, dagli elementi naturali o da fattori ambientali enfatizzano il loro rapporto con l'universo circostante come se esso fosse stato creato appositamente a minaccia delle loro vite. L'oggetto delle loro ossessioni, è sempre presente anche quando non si è a diretto contatto con esso, specialmente nelle ore notturne e nell'attività onirica.

Ansia e attacchi di panico

Capitolo a parte nel discorso generale sulla paura, riguarda l'ansia e gli attacchi di panico. Perché questa distinzione dal resto delle paure? Bisogna dire che questi due stati d'animo per le loro peculiarità intrinseche necessitano di un approfondimento di ordine psicologico, nonché medico, che va ben oltre la semplice disquisizione su processi comportamentali che riguardano la paura, concernendo bensì, patologie specifiche.

L'ansia è un sentimento comune che può avere aspetti positivi e negativi allo stesso tempo, che dipendono dalla quantità, dalla qualità e dalla cronologia del fenomeno. L'ansia, come abbiamo già detto, fa parte anch'essa dell'universo della paura, ed è un campanello d'allarme naturale che gli esseri viventi e in particolare l'uomo, possiedono per prevenire i pericoli. Quasi tutti gli animali possiedono quest'allerta, perché da essa può dipendere la sopravvivenza individuale e molto spesso anche del branco. Questo fenomeno in Natura è osservabile da chiunque attraverso gli splendidi documentari che vengono trasmessi da canali pubblici e privati: gazzelle, gnu o zebre al pascolo, che nonostante l'assenza di pericoli apparenti mangiano guardinghe nella savana o i famosi cani della prateria che vivono costantemente con "sentinelle" che avvisano il branco del pericolo imminente. Ma anche animali predatori, quali leoni o orsi possono presentare in alcuni casi questo stato d'animo, ad esempio in difesa dei loro cuccioli o quando essi stessi vengono attaccati da altri animali. Poco tempo fa in un documentario, ho potuto osservare il comportamento di un leone che veniva accerchiato e quindi caricato da un branco di bufali africani, per aver osato attaccare un loro cucciolo: nei suoi occhi e negli atteggiamenti mostrati era chiaramente espressa tutta l'ansia che un animale, seppur così feroce, può esprimere quando si sente minacciato.

Tornando all'essere umano, dicevamo che l'ansia può avere connotazioni positive o negative. Si parla generalmente di ansia positiva, quella che viene provata comunemente in occasione o in presenza di pericoli o di situazioni oggettivamente pericolose, che però non hanno ancora minacciato l'incolumità della persona. Per fare degli esempi: si può stare in ansia quando la professoressa sta decidendo chi interrogherà, oppure nella sala d'attesa per un colloquio di lavoro. Si può provare ansia osservando una funivia su uno strapiombo o prima di effettuare un volo (specialmente con condizioni meteorologiche avverse), o prima di salire in ascensore (memori di qualche inconveniente occorso in passato). Ma anche prima di prendere un traghetto quando il mare è mosso. Si prova ansia quando saliamo in macchina e sappiamo che alla guida c'è una persona inesperta o uno smidollato. Si sta in uno stato d'ansia quando si aspetta una risposta importante (specie quelle riguardanti la salute nostra o dei nostri cari). L'ansia si manifesta di notte o più generalmente al buio, soprattutto quando siamo soli o in luoghi che consideriamo pericolosi. L'ansia positiva o naturale è quindi un sentimento del tutto comune e innato, che oltre a prevenire un possibile pericolo aumenta le nostre risposte fisiche e alza le nostre difese verso possibili pericoli. Le reazioni fisiche alla sollecitazione ansiosa più evidenti, sono l'aumento del battito cardiaco e della pressione sanguigna, l'acutizzazione dei sensi (vista, olfatto e udito), l'aumento dell'attenzione. Questo tipo di ansia viene definita positiva, in quanto determina una reazione "giusta" o meglio, equilibrata alle emozioni e agli stimoli, riuscendo a salvaguardare la nostra incolumità e fornendo le risposte adeguate ai problemi e alle situazioni che si presentano. E' quindi una risposta del tutto normale con la quale la nostra mente regola le nostre attitudini psicofisiche in base al contesto, al luogo, alle persone che si prospettano durante l'esistenza. Come altri esperti della materia hanno affermato: è un adattamento all'ambiente.

L'ansia negativa al contrario è una reazione esagerata agli stimoli che ci circondano; essa è quindi un'esasperazione emotiva, legata a fattori o condizioni che normalmente non dovrebbero preoccupare o allarmare l'individuo, ma che invece determinano una condizione di stress che impedisce di svolgere le normali attività quotidiane, i rapporti affettivi e le pianificazioni future. L'ansia negativa compare sia in presenza di stimoli reali, sia in assenza di fattori scatenanti (o non del tutto evidenti); essa deriva da una patologia più o meno grave che modifica il comportamento e i sentimenti delle persone. E' quindi una vera e propria malattia che va curata attraverso farmaci o psicoterapie. Esistono molti tipi di ansie negative, tutte con caratteristiche ben definite e tutte derivanti da problemi legati all'infanzia, a shock emotivi del passato, o a situazioni che hanno comunque lasciato una traccia nella nostra esistenza modificando il carattere o il modo di rapportarsi al mondo.

Coloro che fino ad ora hanno seguito attentamente il discorso sulla paura e su tutti i gradi della paura, avranno capito che l'ansia, sia quella di ordine patologico che quella derivante da fattori esterni, permea ogni stadio della paura, dal campanello d'allarme all'ossessione.

Gli attacchi di panico, non sono collegati direttamente alla paura e ai suoi fattori scatenanti. Gli attacchi di panico possono manifestarsi all'improvviso, senza nessun motivo apparente. Essi consistono in una reazione psicofisica del tutto assimilabile a quella che si ha di fronte un pericolo. In realtà gli attacchi di panico derivano principalmente da una situazione psicofisica precaria, da stress emotivo e da situazioni pregresse che, seppur latenti, hanno modificato il nostro modo d'essere e la nostra sensibilità. Quello che ci ha toccato profondamente, ferito, amareggiato o shockato, viene tirato fuori (magari anche per motivi somatici) all'improvviso e ripetutamente nel tempo. Alle volte la mancanza d'ossigeno (dovuta sia alla composizione chimica dell'aria sia a crisi d'asma), la tachicardia, problemi alla vista o all'udito o altri fattori fisici, possono innescare una reazione incontrollabile che facilmente ed erroneamente, viene attribuita solo alla nostra psiche. Si ha in questi casi un senso di soffocamento, palpitazioni, innalzamento della pressione, nausea e vomito, senso di morte imminente, capogiri e svenimenti; le mani cominciano a sudare e le gambe a tremare. La vista si annebbia, la saliva si azzera e ci può essere una diffusa sudorazione. Molto spesso coloro che hanno crisi di panico non sanno spiegare il motivo dell'attacco e hanno paura (essendo una situazione veramente gravosa da sopportare) che l'avvenimento possa ripetersi. Anche se l'attacco di panico ha un'origine fisica, vi è comunque una stretta correlazione fra lo stato fisico e lo stato psichico. Un disagio psichico può derivare da un problema fisico e viceversa. Esperienze negative passate, riaffiorano nella mente in situazioni analoghe (ma anche senza nessuna attinenza con il presente), comportando una reazione fisica che innesca l'immediato innalzamento di tutte le difese di cui si dispone. Purtroppo, proprio perché esistono fattori scatenanti molteplici, gli attacchi di panico vanno curati attraverso farmaci e sedute psicoterapeutiche che servono ad andare alla radice del problema. Nella società moderna (ma anche anticamente) sono molti gli individui che soffrono di questo disturbo, sia uomini che donne. Anche io, una volta ho avuto un attacco di panico e le sensazioni che ho provato sono quelle che ho appena descritto. Mi ricordo che ero in decollo, su un volo normale che non aveva particolari problemi: passeggeri tranquilli, nessuna turbolenza, nessun particolare stress. Mi ricordo però che mi sono venuti dei pensieri nella mente (era il periodo dopo l'11 settembre 2001) e anche delle immagini. Una situazione che mi ha sempre preoccupato è stata quella del pericolo improvviso e incalcolabile, come quello di un ordigno che possa eludere qualsiasi controllo e finire proprio sul mio volo. Ecco, le sensazioni che ho provato sono state proprio quelle di una persona che sta per saltare in aria e non ha scampo. Cuore impazzito, respirazione affannosa, sudorazione su mani, schiena, collo e sedere e stato di agitazione incontrollabile, totale irrigidimento. Cercavo con lo sguardo i miei colleghi accanto e provavo a scambiare qualche parola, ma senza dare nell'occhio data la mia professione. Insomma, una situazione da incubo, della durata di circa cinque minuti (ma si perde un po' il senso del tempo in queste occasioni) che per fortuna è passata piano piano, cercando di respirare e di calmarmi pensando a qualcosa di diverso. Ovviamente a me è andata così, ma ci sono persone che hanno reazioni ben più gravi e che devono addirittura essere ospedalizzate.

La paura nei bambini

I bambini sono le persone più fragili che possiamo prendere in considerazione, quando parliamo di paure. Come già accennato, la loro breve esistenza non li ha forniti di esperienze di vita che li può aiutare a discernere il bene dal male, il buono dal cattivo. E' per questo motivo che possono essere facilmente ingannati e purtroppo diventano anche vittime di soprusi.

Le prime paure sorgono quasi senza motivo, per esempio quando qualcuno semplicemente li guarda o li vuole prendere in braccio, oppure con una carezza. Probabilmente non sapendo decifrare i codici espressivi provenienti dalle persone, non riescono a capire quando esiste un pericolo reale per loro. Basta un gesto brusco, magari per porgere un giocattolo o fare un'espressione buffa, per provocare un pianto di terrore.

Quando i bambini cominciano a crescere, riescono a sviluppare quelle capacità di decifrare le situazioni, pur continuando a rimanere impressionati facilmente da eventi bonari, quali per esempio il temporale, i fuochi d'artificio, un film o una maschera di carnevale. Tutti i fattori che a noi possono sembrare banali, in realtà vanno a toccare profondamente la loro sensibilità e suscitano in loro delle ansie e dello stress che possono sembrare esagerati. Quale genitore non ha tentato di rassicurare il proprio figlio dicendo: "Ma non c'è nulla da temere; non essere sciocco. Stai piangendo per niente, qui stai al sicuro ti proteggo io".

E' vero che molti bambini fingono di avere paura per attirare su di loro le attenzioni degli adulti, oppure per ottenere ciò che vogliono. Ma il più delle volte, gli adulti tendono a sottovalutare le paure dei bimbi, dando una valutazione dal loro punto di vista e non da quello del minore.

La maggior parte dei bambini ha timore del buio; l'oscurità rappresenta una delle classiche paure ancestrali e inspiegabili che ossessionano le persone sin dalla nascita; ci sono alcuni che continuano a dormire con una luce accesa anche da grandi, perché non hanno superato quell'ansia che li avvolge quando rimangono soli al buio. Molti genitori, così come consigliano alcuni pediatri, lasciano acceso un piccolo lumino che facilita i più piccoli nel rilassarsi nel proprio letto, oppure nel caso si sveglino durante la notte. Numerosi bambini, compresa mia figlia, rimangono impauriti dal buio anche quando sono in compagnia del proprio genitore. Quindi, si può facilmente dedurre, che la paura del buio sia legata principalmente all'oscurità più che al fatto di rimanere soli. L'oscurità impedisce il controllo visivo dell'ambiente e quindi esclude ogni possibilità di visualizzare i pericoli, anche laddove non esistano. Al buio le nostre percezioni aumentano e il nostro udito sostituisce in qualche modo la vista: ogni minimo scricchiolio viene inteso e amplificato. Persino il nostro cuore viene distintamente avvertito, così come il respiro.

Queste paure ataviche, probabilmente sono scritte nel nostro DNA e risalgono proprio agli albori della nostra specie, quando gli ominidi vivevano in mezzo agli altri animali e nell'oscurità venivano cacciati dai predatori. La notte quindi, era il momento in cui i nostri progenitori erano più vulnerabili e avvertivano di più il pericolo; Nel corso della nostra evoluzione, questa paura arcaica, è entrata a far parte del nostro essere.

In questo senso, molti animali mantengono dei comportamenti innati acquisiti geneticamente: le tartarughe, dopo la schiusa, si dirigono verso il mare. I salmoni risalgono i fiumi per deporre le uova; gli uccelli migrano nello stesso periodo dell'anno, tornando sempre negli stessi luoghi; alcuni rettili, sin dalla nascita, uccidono per istinto. Anche noi, allo stesso modo, conserviamo nei nostri geni alcuni caratteri e comportamenti tramandati geneticamente dai nostri avi.

La parte animalesca insita in noi, è particolarmente osservabile nell'età prescolare; poi, crescendo, l'istinto, lascia il posto al raziocinio. Alcune paure, vengono superate dall'esperienza e dalla maturità. Da piccoli si ha paura del mare o del fulmine, mentre crescendo, ripensando a quelle ansie ci sentiamo degli sciocchi, proprio perché abbiamo razionalizzato ciò che ci terrorizzava istintivamente.

Quali sono i segni evidenti che un bambino mostra quando ha paura? Come nelle persone adulte, la paura viene trasmessa inizialmente con lo sguardo e con l'espressione tipica facciale: gli angoli della bocca vanno verso il basso, così come gli occhi e le sopracciglia. Le mani vengono poste dietro la schiena, al riparo, oppure si ritraggono e i pugni si chiudono. Quando i bambini camminano, cercano riparo dietro le gambe dei genitori o addirittura chiedono di essere presi in braccio. Quando sono in braccio, si girano da un'altra parte per non guardare. Tutto ciò avviene nella prima fase della paura, ossia nella percezione del pericolo. Quando la minaccia aumenta, il bambino oltre ad attuare i comportamenti appena descritti, si lascia andare in un pianto ininterrotto che può essere accompagnato dalla perdita di urine o anche di feci.

Quello che terrorizza i bambini, può lasciare dei segni che porteranno dietro anche nella maturità. Il sottoscritto, per esempio, a tutt'oggi teme le vespe, le api e i calabroni. Questa paura che ho dentro sin dall'infanzia, nasce probabilmente da un episodio successo quando avevo cinque o sei anni: mio padre innaffiando delle piante in un giardino all'Isola d'Elba, andò a disturbare un nido di calabroni, che per tutta risposta cominciarono a uscire fuori e ad attaccarlo. Fortunatamente l'acqua lo aiutò a cacciarle, ma per me lo spavento fu enorme. Il terrore per questi animali continua a perseguitarmi e di tanto in tanto, di notte, sogno di essere attaccato da uno sciame intero.

La nonna di mia moglie, da piccola aveva rischiato di morire affogata cadendo in un abbeveratoio per animali. La tirarono fuori che era cianotica. Da allora, quando vedeva una distesa d'acqua, provava uno stato d'agitazione e di terrore; andava persino in ansia se qualcuno a lei caro, si faceva il bagno in mare davanti ai suoi occhi.

Mia sorella per tanti anni ha avuto paura dei cani, così come mia moglie, per episodi risalenti all'infanzia: ad entrambe un cane, per motivi imprecisati, le aveva attaccate. Tutt'e due da quel giorno, ebbero paura dei cani. A mia sorella è durata fino a quando mio padre non portò un cucciolo dentro casa, che ebbe la funzione di fare da mediatore fra la razza canina e lei. A mia moglie è durata fino a quando non ha conosciuto me, che aveva dei genitori con un cane con cui finalmente è riuscita ad intrattenere un rapporto sereno.

Per far superare le paure che più spaventano i bambini non sono necessarie terapie d'urto, né entrare in conflitto con loro. La paura, in tutte le varie fasi della vita, può essere superata solo razionalizzando, così come avviene naturalmente durante la crescita, l'evento o l'oggetto che si teme.

Razionalizzare la loro paura, non significa solo analizzare il motivo per il quale sono spaventati, ma cercare di far assimilare il fattore scatenante. Se un bambino teme un cane, non serve costringerlo ad accarezzarlo o a cercare di farlo interagire. Allo stesso modo, non serve a nulla consolare un bambino che piange perché ha paura del temporale, perché in questo modo non si aumenta la sua sicurezza, ma si calma solo uno stato d'animo che si ripresenterà ogni volta.

Per superare la paura, dicevo, bisogna razionalizzare il pericolo. Nel caso del cane, per esempio, serve di più al bambino osservare i grandi che giocano con l'animale e che interagisce con loro. Bisogna cercare d'introdurlo nell'ambiente, perché è proprio questo quello che avviene: un bambino si circonda di sicurezze e tutto ciò che viene introdotto di nuovo, può destabilizzare la sua emotività, che sia un giocattolo, un cane o un accessorio per la casa. Il bambino ha dei riferimenti precisi rappresentati dalle persone che frequenta, dall'ambiente in cui vive e dalle cose che lo circondano. E' appurato, infatti, che se un bambino nasce in una casa dove sia già presente un cane, un gatto o, per assurdo, un leone, questi faranno parte del suo contesto e non avrà nessuna paura, fin quando non percepirà una minaccia vera e propria o non sarà aggredito.

Avvicinarlo al mondo animale, attraverso la lettura di libri o la visione di documentari, può essere d'aiuto per aumentare la sua sicurezza. Persino i peluches, possono avvicinarlo agli animali e incuriosirlo. Insomma, l'ignoranza, intesa come non conoscenza, anche per i bambini rappresenta un fattore ansiogeno. Stessa cosa se parliamo di fulmini o tuoni.

Mi ricordo che quando abitavo con i miei genitori che possedevano un cane, ogni volta che c'era un temporale oppure in presenza di fuochi d'artificio, la povera bestiola era terrorizzata e cercava riparo sotto il divano o sotto i tavoli. Ti guardava con la coda bassa e alzava una zampetta tremando. Questo a riprova di quanto la paura per certi fenomeni sia un sentimento innato e comune a tutte le specie. Il comportamento dei bambini, in questo, assomiglia molto a quello degli animali: non potendo razionalizzare il fenomeno, lo temono.

Si può razionalizzare un evento come il temporale? Anche se i bambini sono molto piccoli, riescono ugualmente a capire in base ai toni che usiamo per spiegare, se un evento è realmente pericoloso; a differenza dei cani che, anche crescendo, non mutano il loro modus operandi dettato dall'istinto (o almeno non riescono totalmente, proprio per mancanza di raziocinio), il cervello dei bambini elabora parole, atteggiamenti e successione di eventi. Un tipo di spiegazione può essere la seguente: "Le nuvole stanno in cielo e quando vanno a 'sbattere' l'una contro l'altra si accendono e fanno rumore; dentro casa, però non c'è nessun pericolo, in quanto c'è il parafulmine che ci protegge e la casa è come una grande gabbia protettiva".

Usando dei termini complicati parlando con i bambini, aumentiamo solo la loro cultura e aumentiamo la loro proprietà di linguaggio (diminuendo quindi l'ignoranza, ovvero non conoscenza). Le parole più difficili possono essere spiegate e, a mano a mano, faranno parte così del loro bagaglio culturale. Anzi, ci si deve sempre spingere verso termini e argomenti più complicati e la nostra bravura sarà quella di rendere gli argomenti fruibili e comprensibili. Quindi possiamo aiutarli a razionalizzare le loro paure, spiegando quali sono i contesti nei quali bisogna effettivamente preoccuparsi. Al riguardo, per esempio, mi vengono in mente tutte le situazioni in cui esiste un pericolo reale, ma non essendo ancora percepito come tale, i bambini non si preoccupano: mi riferisco ad esempio, quando i bambini attraversano la strada e sono distratti, oppure a quando si sporgono oltremodo da un balcone. Come dicevamo, alla loro giovane età, i bambini non riescono ancora a distinguere il bene dal male, la situazione effettivamente pericolosa, dal pericolo immaginato. Solo il trauma provocato da un evento che li colpisce fisicamente o psicologicamente, spinge il loro comportamento verso la cautela e al timore. Ovviamente tutti i genitori devono evitare che i propri figli vengano traumatizzati più del necessario; ma la ferita, fisica o meno, non può essere evitata, nell'arco di una vita intera. Anzi, proprio per la sua natura, il dolore serve ad evitare di reiterare uno sbaglio. Bisogna quindi che i genitori evitino il più possibile che i loro figli si facciano troppo male, o vengano troppo terrorizzati. Ma l'esperienza negativa, purtroppo è necessaria nella crescita di ognuno di noi. Attraverso i nostri sbagli e le nostre paure ci teniamo lontani dai guai. Temiamo un cane inferocito, una persona aggressiva, un posto tenebroso, lo scoppio di un petardo. L'esperienza ci dice: cautela.

La paura di morire

La paura di morire, terrorizza tante persone, ma non la totalità di noi. E' una paura che si prova in tutte le fasi della vita, da quando siamo piccoli a quando sentiamo che la nostra fine è vicina. Da che cosa nasce?

Andando ad analizzare la causa possiamo dire, che la morte è un evento naturale necessario e insormontabile che fa parte della vita di ogni essere vivente, così come la nascita. Per quanto ci affanniamo a rimanere giovani o a condurre una vita salutare, prima o poi siamo destinati a finire. Questa situazione, potrebbe rendere vane tutte le azioni che si compiono durante la nostra esistenza, se la considerassimo come un'esperienza unica e irripetibile. Potremmo considerare che il bene e il male che noi compiamo durante la nostra vita, le ricchezze e il potere che accumuliamo, i nostri progetti e i nostri sogni, in realtà siano solo comportamenti e cose futili, che hanno poco senso e che servono ad ingannare il tempo e la nostra mente, per non pensare alla nostra dipartita. Molto spesso accade infatti, che quando le persone più sensibili e più fragili si fermino a pensare riguardo alla loro fine, ne rimangano sconvolte e cadano in depressione. Alle volte, la paura di morire, per assurdo, impedisce di vivere.

Le religioni e lo Stato, in questo senso, hanno stabilito attraverso dei dettami rigidi, i limiti della libertà umana. Senza queste due istituzioni, l'Uomo avrebbe condotto una vita dissoluta e probabilmente violenta.

Alcune religioni prevedendo una vita oltre la morte, offrono premi e punizioni secondo che si sia vissuto nel bene o nel male; la nostra anima, sopravvivrebbe oltre la nostra fine fisica, diventando immortale e accedendo al Paradiso; viceversa, sarebbe dannata e condannata all'Inferno. Il Giudizio Universale che avrebbe luogo alla fine dei tempi ad opera di Dio, servirebbe appunto per dividere definitivamente il Bene dal Male.

Il Buddismo, parla della reincarnazione in una vita migliore per tutti coloro che saranno stati probi durante la loro esistenza, fino ad arrivare a raggiungere il Karma spirituale. Al contrario, per tutti quelli che avranno condotto un'esistenza iniqua, scenderanno di livello, verso una vita peggiore rispetto a quella appena vissuta.

Questi premi e punizioni hanno sempre avuto l'effetto di condizionare l'esistenza umana, alterandone lo svolgimento e facendo da collante nello sviluppo della società civilizzata. Questo discorso è necessario per poter considerare l'effetto che possono avere i limiti "morali" sulle nostre vite.

Se considerassimo la vita come un'esperienza limitata nel tempo, ossia senza nessuna implicazione spirituale, forse eviteremmo di preoccuparci della fine della nostra anima e ci sentiremmo liberi di comportarci solo secondo coscienza, senza essere quindi minimamente influenzati da nessuna dottrina o filosofia. Ricordiamo che la paura di perdere il controllo, fondamentalmente è all'origine di ogni ansia. Anche in questo caso, la paura di morire è in realtà la paura di perdere il controllo di ogni cosa: prima di tutto del nostro corpo, destinato alla distruzione, a decomporsi o ad essere preda di animali. Poi, per coloro che credono in un mondo spirituale, c'è il distacco della nostra anima, che liberandosi del suo fardello fisico, vaga nell'Universo oltre l'inimmaginabile e forse senza nessun controllo; e magari successivamente l'incombenza del giudizio divino sulla nostra esistenza.

Andando oltre questi problemi, la paura della morte è legata al fatto che ci si distacca dai nostri cari e da tutto ciò che amiamo: i nostri legami affettivi, gli amici, la luce, i colori, la musica e tutte le belle peculiarità della vita. La riprova di quanto affermo è nell'affermazione dell'esatto contrario: chi è in preda a sofferenze, privazioni e per chi nella vita non ha nulla più da cui staccarsi, la morte può essere una liberazione. Chi è molto malato invoca la morte per liberarsi al più presto dalla sofferenza; per chi si trova in particolari condizioni di negatività e di sacrificio, la morte rappresenta l'unica via d'uscita.

Alla paura della morte può corrispondere la paura del buio: l'oscurità essendo l'essenza della morte, entra nelle nostre vite quotidianamente, quasi per farci abituare alla sua idea. Questo è uno dei motivi per cui è naturale che un bambino ne abbia timore: nella sua mente il sonno non rappresenta un momento di riposo, ma la fine di ogni azione e il distacco dai suoi giochi e dai suoi cari, esattamente quello che avviene per gli adulti, ma con valori diversi.

Un altro timore frequente, è che con la perdita della vita si possa procurare dolore agli altri e si possa privare i nostri cari, del nostro supporto e del nostro affetto: una madre che sa di dover morire può temere per il futuro dei propri figli.

Oltre a tutto questo c'è la paura dell'ignoto: con la morte s'inizia un viaggio del quale, in definitiva, non sappiamo nulla: cosa c'è dopo la morte? Saranno svelati tutti i misteri della nostra esistenza? Incontreremo Dio? Che destino avremo? Paradiso o Inferno? Torneremo di nuovo a guardare, a pensare, ad amare? Rivedremo i nostri cari? Dovremo soffrire? Soffriremo la solitudine? Sentiremo il freddo, il caldo? Avvertiremo i suoni? Rideremo ancora?

Non esiste nessuna risposta certa a queste domande; dal punto di vista della scienza, la risposta a tutto è no. Se poi implichiamo il trascendente, le risposte sicuramente saranno diverse. E' proprio l'incertezza della nostra fine a preoccupare di più: non abbiamo nessun punto di riferimento e la scienza non può esserci d'aiuto (almeno per le domande implicanti la vita oltre la morte), così come non può esserlo per provare l'esistenza dell'anima. E' per questo motivo che si studiano tutti quei casi in cui delle persone dopo morti apparenti, sono ritornate in vita raccontando la loro esperienza: un tunnel con una luce in fondo, oppure l'osservazione del proprio corpo dall'esterno. Alcuni hanno raccontato di aver ritrovato parenti persi da molto tempo, mentre altri addirittura l'incontro con angeli o entità.

Alcuni psicologi sono riusciti a far regredire psicologicamente i loro pazienti fino ad altre vite. Anche io ho ascoltato una mia collega che affermava di essere regredita addirittura di otto vite, grazie ad una psicologa che la teneva in cura. Mi spiegava di aver vissuto nell'antico Egitto, oppure di essere stata un uomo che era stato rinchiuso in carcere.

Gli psicologi affermano che alcuni pazienti, durante queste sedute parlano lingue sconosciute, arcaiche o straniere, lingue mai studiate prima.

Oltre alla regressione psicologica, c'è il fenomeno dello spiritismo: attraverso le sedute spiritiche, si è sempre cercato di mettere in contatto il mondo dei vivi con quello dei morti. I medium, appunto, grazie alla loro sedicente sensibilità, affermano di riuscire a fare da tramite fra questi due mondi, invocando le anime dei nostri defunti.

Tornando al terrore della morte, c'è da tenere presente altri aspetti che a molti, illogicamente fanno più paura: la bara, la sepoltura, la cremazione, la decomposizione, la solitudine della tomba. Questi sono tutti aspetti che, per quanto aberranti, non sono rilevanti a livello fisico, perché il nostro corpo ha smesso di percepire le sensazioni così come fanno i vivi ed è diventato un oggetto, così come può essere un sasso.

Ci sono alcune persone che hanno il terrore di essere sepolte vive; c'è da dire che questa eventualità, pur essendo avvenuta nel corso della storia dell'Uomo, al giorno d'oggi rappresenta un'eventualità molto remota, direi addirittura impossibile, visto che per legge deve intercorrere un certo periodo di tempo dal momento dell'accertamento di avvenuto decesso alla chiusura della bara. E' soprattutto nell'immaginario collettivo, e nel passaparola popolare a risiedere la credenza che qualcuno si sia risvegliato nella bara dopo essere stato sepolto.

Qualcuno, su questo tipo di paura, ha realizzato un business. Hollywood recentemente ha prodotto un film la cui trama era proprio quella di un tale che si risveglia in una bara. Addirittura su internet vendono delle bare con telefono incorporato, nel caso la salma si risvegli improvvisamente (e voglia fare una telefonata). Sempre in America, pagando profumatamente, ci si può far ibernare dopo la morte in attesa che qualcuno inventi il modo di far tornare in vita le persone, come se la morte fosse una specie di malattia curabile e transitoria. Pare che l'unica condizione richiesta, oltre a quella di avere un cospicuo conto in banca, sia quella che non deve intercorrere troppo tempo dal momento del decesso al processo d'ibernazione.

Ma notoriamente se un essere umano, smette di respirare e il suo cuore cessa di battere per più di cinque minuti, si hanno dei danni a livello celebrale difficilmente sanabili.

Tornando alla paura di essere sepolti vivi, una persona che risulti trovarsi in uno stato vegetativo, presenterebbe comunque un'attività cardiaca e respiratoria difficilmente celabile agli occhi di un dottore. In Italia per legge, è richiesto che un cadavere rimanga sotto osservazione per almeno ventiquattro ore o che si accerti attraverso un elettrocardiogramma della durata di almeno venti minuti, la cessazione di ogni attività elettrica del cuore.

Una volta che il nostro cuore smette di battere e l'attività elettrica del nostro cervello si spegne, purtroppo la nostra esistenza finisce e il nostro corpo, con il passare delle ore e dei giorni si distrugge, ma senza il benché minimo dolore o fastidio. La morte in fondo è un attimo. E' tutto quello che avviene prima, semmai, a farci male. Ma con la morte cessa ogni dolore.

Tornando al trascendentale, è esperienza comune quella di essere entrati in contatto con l'anima di defunti, deceduti con sofferenza, che affermavano di stare bene finalmente e di non provare più nessun tipo di pena.

Stesso discorso vale per la percezione del freddo, la solitudine, la cremazione, insomma per tutti quei fattori che da vivi potrebbero impensierirci, ma da morti non hanno il benché minimo effetto. Per farla breve, diventiamo dei brutti pupazzi inanimati, ma fortunatamente senza rendercene conto. Quindi le nostre ossessioni, razionalmente parlando non hanno nessuna giustificazione.

Bisogna fare una distinzione fra la paura della morte e la paura di morire. Si può avere paura di morire senza avere paura della morte. Sembra un gioco di parole, ma non lo è: se ci troviamo su un aereo che sta cadendo, per quanto la morte non ci faccia paura, in quel momento abbiamo paura di morire, cioè dell'evento che si sta compiendo. Se ci viene diagnosticato un tumore, da quel momento in poi potremmo avere paura di morire.

Ognuno di noi sa perfettamente che non sarà immortale, ma che la sua esistenza si protrarrà per un tempo indeterminato. Si può avere paura della morte, ma l'indeterminazione del suo momento ci fa stare relativamente tranquilli durante la vita. Ma nel momento in cui avvertiamo l'imminenza della nostra fine, allora può aumentare lo stato di ansia e di terrore, generando in noi la paura di morire. Quando sentiamo che la fine s'avvicina, allora ci preoccupiamo: torniamo in chiesa a chiedere perdono per i nostri peccati, diventiamo più umili e ricominciamo a vedere le cose belle e della vita, quelle che prima stavano davanti ai nostri occhi ma ci sfuggivano perché eravamo troppo occupati dal vivere.

Molto spesso capita, che si abbia paura di morire per eventi o persone che possano risentire della nostra mancanza. Le donne hanno più paura dopo che diventano mamme, proprio per il fatto che la loro morte andrà a ricadere psicologicamente sui loro figli Un'altra ossessione può essere il pensiero della morte dei nostri cari. Questa paura ha un duplice aspetto: può essere una paura riflessa oppure una preoccupazione causata da diversi sottofattori. La paura riflessa è data dall'immedesimazione che proviamo nei confronti delle persone a cui vogliamo bene. Alcune persone fanno proprie le disgrazie degli altri e le riflettono su loro stessi. Ad esempio, può succedere che la preoccupazione che voi provate per una persona cara in pericolo di vita, possa riflettersi sul vostro stato emotivo, tanto da provare lo stesso tipo di ansia come se foste voi quelli in pericolo. Senza dubbio la paura è un sentimento che si trasmette.

La paura che la morte possa colpire qualcuno a voi caro è legata a diversi aspetti: primo fra tutti è la negazione che un evento così negativo e irreparabile vi possa accadere. Secondariamente non accettiamo di privarci della presenza dei nostri affetti. Terzo, esistono dei motivi legati alle nostre certezze. Se quel qualcuno che ci dovesse venire a mancare rappresentasse per noi una fonte di sicurezza o di sostentamento, potremmo accusare il disagio di una futura precarietà.

Comunque, il motivo fondamentale che ci preoccupa nell'affrontare il decesso di un nostro caro, non è tanto l'evento stesso, ma il pensiero del dolore (che affronteremo in un altro capitolo) che potrebbe far soffrire la persona a noi cara, prima dell'evento. Noi non accettiamo che qualcuno a cui vogliamo bene soffra; è logico e naturale.

Tutti questi ragionamenti, a mente fredda, sembrano facili da spiegare e l'emotività dovrebbe essere controllabile: la morte fa parte della vita, riguarda qualsiasi essere vivente ed è un evento che causa separazione dagli affetti, cambiamento, e viaggio verso l'ignoto; inoltre il dolore fa paura, sia che riguardi noi, sia che interessi qualcuno della nostra sfera affettiva. Tutti motivi sacrosanti.

C'è un modo per superare questa ossessione? Per quanto riguarda la nostra paura di morire, la logica dovrebbe indicare che solamente quando si accetta l'evento perché si capisce che non c'è nulla da fare, allora ci si rassegna a ciò che si deve compiere. In quel caso si può trovare anche la forza di combattere fino alla fine e si muore almeno con la certezza che non si è lasciato nulla d'intentato. Infatti, un altro effetto che la paura della morte provoca in noi è l'abbassamento delle nostre difese immunitarie, che accelera il percorso che porta al nostro decesso. I dispiaceri, le preoccupazioni e la prostrazione incidono sulla nostra capacità di difenderci dagli attacchi dei virus e delle malattie. Stesso discorso si può fare quando è qualcun altro a noi caro ad essere colpito: sicuramente saremo di aiuto se cercheremo di sostenerlo prima della sua fine e avremo la mente più lucida nell'affrontare tutte le situazioni.

Chiaramente è uno sforzo che dobbiamo compiere, anche se la reazione più comune è l'angoscia.

In definitiva si può affermare che la paura della morte si potrebbe superare solo grazie alla logica, ma essendo un evento che va oltre la logica, qualsiasi discorso o sforzo di razionalizzazione serve a poco perché è solo la separazione affettiva da tutto ciò a cui siamo legati (compresa la vita stessa), che ci può aiutare. Ma qui entrano in ballo le ragioni del cuore, che prevalgono su quelle della mente. Razionalmente, il cuore prevale sulla paura di morire, senza dubbio.

La paura di vivere o di lasciarsi andare

Contrapposta alla paura di morire, esiste la paura di vivere.
Da cosa nasce questo sentimento che sembrerebbe così assurdo e in che cosa si concretizza?
La paura di vivere nasce dall'insicurezza che abbiamo verso noi stessi e verso il mondo che ci circonda. Le persone che hanno questo tipo di problema, alle volte sono consapevoli della loro debolezza, mentre molto spesso non sanno spiegarsi il motivo che li spinge quotidianamente verso il terrore, la cautela, l'ossessione. Avere paura di vivere implica l'impedimento totale o parziale a svolgere una qualsiasi attività nell'ambito della nostra società durante l'arco della nostra vita.
Come la maggior parte delle paure, nasce dal timore della perdita di controllo, una costante che cerchiamo di mantenere durante la nostra esistenza. Ecco perché la paura di vivere è associata a quella di lasciarsi andare. Quando ci lasciamo andare, perdiamo ogni remora a mantenere salde le nostre certezze affidandoci anche all'imprevedibilità del caso.
Quando noi viviamo senza paure, non ci preoccupiamo della possibilità di fallire, di soffrire o di perdere, perché siamo consapevoli che negandoci la possibilità di compiere ciò che la nostra volontà in quel momento richiederebbe, soffriremmo di più che preservandoci, mantenendo salde le nostre certezze.
Esistono persone che hanno paura dell'ambiente nel quale vivono: dalla paura di toccare le cose, alla paura di stringere le mani a qualcuno, alla paura di baciare. Ci sono individui che hanno timore di uscire di casa, incontrare persone, prendere mezzi pubblici, o entrare in luoghi affollati. Taluni hanno difficoltà a relazionarsi con gli altri, a stringere amicizie o persino a prendere un ascensore insieme a qualcuno.
La paura di vivere, poi, può manifestarsi nell'isolamento: molte persone, più di quante immaginiamo, preferiscono non uscire,

63

non confondersi insieme ad altri, non condividere emozioni od eventi. Magari preferiscono restare chiusi in casa, forse davanti al computer. Ci sono molte persone che vivono solo grazie al pc: hanno amicizie su chat o communities, lavorano da casa e probabilmente i loro film li vedono sulla tv via cavo, piuttosto che in un cinema. Comprano su internet di tutto, viaggiano su internet.

Per quanto ci possa sembrare strano, per queste persone la solitudine è la via più facile per essere tranquilli, per vivere serenamente.

La paura di vivere, può spingere a fuggire dalla vita normale, per intraprendere magari percorsi di fede, dove Dio rappresenta l'unica certezza che li può salvare dalla perdizione, dal pericolo e dalla perdita di controllo.

Questo tipo di paura può essere accostata, anche se è totalmente opposta, alla paura di morire. In entrambe si ha la consapevolezza dell'incertezza sugli eventi che si debbono compiere. Ossia, si viene spaventati dall'imprevedibilità del futuro. In entrambe c'è la paura di perdere il controllo, di subire il destino. In entrambe c'è la paura del dolore e della sofferenza. In entrambe c'è la paura di essere giudicati (dagli altri o da Dio). In entrambe c'è la paura dell'incomprensione e dello smarrimento.

La differenza vera e che fa sorridere, è che chi ha paura di vivere, preferirebbe isolarsi; mentre chi ha paura di morire, preferirebbe stare in compagnia. La paura di vivere può colpire chiunque, così come la paura di morire, anche se non si vuole ammettere.

Talvolta può succedere che la paura di vivere sia latente, non manifesta nemmeno agli interessati e che impedisca di godere dei momenti belli della vita. Si ha una chiara sensazione di ciò, quando controvoglia facciamo qualcosa che alla fine ci rende felici e ci fa esclamare: "Che stupido, a momenti me lo perdevo!".

La paura di lasciarsi andare, come ho già detto, risiede nel fatto che le persone tendono a mantenere tutto sotto controllo, a cominciare dal modo di essere, di apparire e da quello che si svolge. Talvolta vengono autoimposti dei comportamenti limitanti, che per una ragione di coerenza vengono portati avanti ad oltranza, anche a costo di essere infelici. Ci sono moltissimi esempi che si possono enumerare, parlando di questo tipo di paura: sappiamo parlare, ma non prendiamo parola. Sappiamo ballare ma non ci avventuriamo in pista. Vorremmo uscire con gli amici, ma qualcosa d'inspiegabile ci fa stare soli e isolati. Vorremmo prenderci una sbronza, ma temiamo di perdere il controllo. Vorremmo partecipare ad una gara e nonostante la nostra preparazione, ci asteniamo. Vorremmo parlare, ma le parole non riescono ad uscire dalla nostra bocca. Alle volte la paura di vivere si confonde con la pigrizia o con la timidezza. Questi due fattori possono contribuire a rafforzare in noi quelle sensazioni negative che ci limitano, quindi, semmai, possono essere associate, ma non sono il fattore scatenante.

La paura di vivere e di lasciarsi andare, in fondo, è la sommatoria di tutte le paure che l'animo umano può riservare. Vivere è proprio questo: amare, uscire, familiarizzare, parlare, correre, viaggiare, rischiare, soffrire, morire e tutto ciò che si compie attivamente o passivamente nella vita.

Come si può combattere la paura madre di tutte le paure? C'era un film uscito negli anni 80 che s'intitolava "Tutte le manie di Bob", nel quale l'attore protagonista, soffriva di tutta una serie di fobie e di paure, che gl'impedivano di fare qualsiasi cosa. Il suo psicologo gli aveva suggerito di fare tutto a piccoli passi. In effetti, qualsiasi cosa che ci spaventa, può essere affrontata andando ogni volta leggermente più in là del limite a cui siamo abituati. Se pensassimo alla nostra vita come un'esperienza totale senza limiti, dovremmo pensare positivamente ogni atto che riusciamo a compiere. La negatività dell'esperienza si può trovare solo in ciò che effettivamente mette a repentaglio la nostra vita. Chi dice: "nella vita voglio provare tutte le esperienze", in realtà si ripropone di testare ogni situazione alla ricerca di dosi sempre più massicce di adrenalina. In questo senso, l'uso di droghe, non sarebbe sbagliato dal punto di vista dell'esperienza, ma ovviamente implicando una situazione oggettivamente pericolosa per il nostro fisico è assolutamente deprecabile. Mettere a rischio la propria vita scientemente attraverso esperienze pericolose, non significa non avere paura di vivere, ma sicuramente indica un disprezzo per la morte. Ma oltrepassato il punto di non ritorno, bisogna vedere se la nostra coscienza ci continua ad appoggiare nelle nostre scelte o si entra nel tunnel del terrore fino alla nostra completa fine. Parlo per esempio di coloro che fanno sci estremo e si buttano da vette altissime con un paio di sci ai piedi; o chi pratica il paracadutismo acrobatico o tante altre discipline dove la soglia tra la vita e la morte è sottilissima. Vivere completamente non significa rischiare la vita ogni giorno alla ricerca di sensazioni estreme. Anzi, probabilmente, mettere a rischio la propria vita, dal punto di vista psicologico, significa esorcizzare la morte; ma si esorcizza solo ciò che si teme. Quindi, chi fa questo tipo di esperienze in realtà teme di morire, ma il suo grado d'incoscienza lo immunizza dalla paura del rischio.

Non avere paura di vivere, significa tuffarsi nelle sensazioni che ogni attività quotidiana ci può regalare. Bisogna combattere contro la propria riluttanza a farsi coinvolgere, sapendo amministrare con saggezza il bene più grande che abbiamo: la vita.

Oltre alla paura di vivere, c'è anche la paura della vita. Sembra un gioco di parole, ma non lo è. Questo tipo di paura sorge intorno alla mezza età (o alle volte anche prima). Si potrebbe descrivere come una paura del futuro e di tutte le incognite che si presenteranno con esso; vediamo la vita nel suo insieme e prendiamo coscienza che dovremo affrontare delle grandi sfide e lo dovremo fare senza l'aiuto di nessuno. Ormai siamo grandi, quindi non siamo più noi che ci appoggiamo ai nostri genitori o alle persone più grandi di noi per superare le difficoltà, ma saranno gli altri (i nostri figli, i nostri nipoti) a contare su di noi, a ricercare una parola di conforto o un aiuto. Siamo quelli che dovranno risolvere i problemi e quelli che dovranno essere forti per gli altri. La nostra persona e la nostra personalità verranno sottoposte ad una serie di prove, che quasi saranno un "esame di maturità": la perdita dei nostri cari, l'allontanamento dei nostri figli, la fine della nostra età lavorativa, la vecchiaia con tutte le sue sfumature, la solitudine, l'allontanamento nostro dalla società e della società nei nostri confronti; l'essere considerato un peso, un rincoglionito, un vecchio che non capisce il cambiamento dei tempi.

La vita, che un tempo noi guardavamo dall'alto verso il basso, presi dalla nostra euforia giovanile, ci comincia a dare una ridimensionata e man mano che passano gli anni ci avvolge in una nebbia dalla quale e difficile uscire se non possediamo dei punti di riferimento validi, ma soprattutto se non siamo dotati di una grande forza di volontà e di un carattere solido. Forse è anche per questo che la depressione colpisce molto frequentemente le persone anziane.

La paura di soffrire o di ammalarsi

Il nostro fisico, purtroppo è soggetto alle malattie. Sin da quando siamo bambini, la malattia dovrebbe essere accettata come uno stato naturale, in cui si trova il nostro organismo. Molti di noi invece, crescendo, sviluppano una ossessione nei confronti dello stato patologico dovuto principalmente alla paura di soffrire.

Per assurdo esistono persone che non si recano dal dottore per paura che gli venga diagnosticata una malattia; questi individui, pensano di essere al sicuro fin quando non hanno sintomi o se quello che avvertono è sopportabile. Molto spesso la malattia viene negata fino all'ultimo, come se bastasse solo questo tipo di atteggiamento per poter risolvere ogni problema. In realtà, quando neghiamo la malattia e non ci rechiamo da un dottore, aumentiamo il nostro stato di agitazione e di stress, perché viviamo coscientemente nell'insicurezza e nell'incertezza.

Questa paura delle malattie, cresce con l'avanzare dell'età, per due motivi: il nostro fisico invecchiando sviluppa facilmente ogni tipo di malattia e quindi c'è un crescente timore che i primi campanelli d'allarme a livello fisico possano in realtà celare un problema serio. Il secondo motivo risiede nel fatto che, con il passare degli anni, molti nostri conoscenti e parenti si sono ammalati, hanno sofferto e purtroppo sono morti in seguito a qualche malattia. L'idea di finire nello stesso tunnel, naturalmente ci terrorizza.

Ci sono altri aspetti da considerare quando si parla della paura di ammalarsi. Primo fra tutti c'è quello di affidare la nostra salute e la nostra vita ad un altro. Poi, in generale, ci può essere la paura della malasanità. C'è il terrore di entrare nel circolo vizioso delle cure e di non uscirne più. E poi, indirettamente c'è la paura che qualcuno ci dica che la nostra fine si avvicina.

La paura di metterci nelle mani di un altro, è legata al fatto che noi esseri umani siamo diffidenti e sospettosi nei confronti del prossimo e i pazienti, nello specifico, sono costretti ad avere fiducia dei loro dottori, loro malgrado. La fiducia che noi riponiamo in chi ci cura, aiuta a superare i nostri preconcetti nei confronti degli altri. Ognuno di noi, per questo motivo, ha un medico "di fiducia", ossia una persona che ha abbattuto il muro della nostra diffidenza e nelle cui mani abbiamo rimesso la nostra salute. Abbiamo il nostro dentista, il nostro medico generico, la nostra ginecologa, il nostro dermatologo, addirittura l'ospedale di fiducia.

Per quanto riguarda i medici, raramente andiamo a caso; generalmente le persone si recano da uno specialista basandosi sulle esperienze degli altri, alle volte anche superficialmente. Infatti essendo ogni fisico diverso e ogni malattia un caso a sé stante, l'operato di un medico potrebbe essere più o meno efficace; quindi quello che va bene per una persona non è detto che vada bene anche per noi. Eppure ci fidiamo di quello che gli altri ci dicono, dei suggerimenti. "Perché non vai dal mio dentista? E' molto bravo e non ti fa sentire nulla".

Ovviamente, il più delle volte, quello che fa la differenza tra un medico ed un altro, più che la preparazione, è la disponibilità nei confronti del paziente. L'affabilità delle persone, naturalmente crea quell'alea di sicurezza che fa stare più tranquilli e che fa vedere la malattia come un qualcosa di superabile e di passeggero. Anche i malati terminali, quando sono seguiti da professionisti portatori di "umanità" oltre che di sapere, riescono ad accettare più serenamente la malattia e la sofferenza.

Il comportamento dei medici, può influire sulla sensibilità delle persone nei confronti delle cure. Le classiche frasi: "Chissà a chi mi rivolgo adesso" oppure: "chissà cosa mi faranno…", nascono dalla mancanza di fiducia nei confronti di chi ci dovrà aiutare e provocano una conseguente paura per il mondo della medicina. Sembra quasi che i medici siano delle persone che non si ammalano mai e che non possono sapere che cosa vuol dire soffrire. Li vediamo solo al di là della scrivania, con il camice bianco, che scrivono ricette e dettano sentenze sul nostro stato di salute.

Si può pensare che la paura di ammalarsi sia strettamente collegata alla paura di soffrire? In linea di massima sì, anche se molto spesso capita che non ci sia necessariamente sofferenza in uno stato patologico, ma che conseguentemente ad esso, si debba seguire un iter di cura lungo e sacrificante. Come molto spesso accade, correlata alla paura di ammalarsi c'è la paura di perdere il controllo e ovviamente la paura della morte e dell'ignoto. Quando ci si ammala, in un certo senso, non disponiamo più liberamente del nostro fisico, ma siamo soggetti al nostro medico curante, alle medicine che prendiamo e al decorso naturale della malattia. Da questi fattori nasce la perdita di controllo. Ad esempio, qualcuno dispone che per guarire (a meno che non ne abbiamo intenzione) dobbiamo sottoporci ad una operazione, che comporterà un ricovero, delle cure e una degenza. Per un certo periodo non saremo più liberi. Infatti, quando trasgrediamo a ciò che ci viene imposto, proviamo un forte senso di libertà: "Il dottore mi ha vietato gli alcolici, ma questa sera un bicchierino nessuno me lo toglie". Oppure: "Il dottore mi ha detto che mi dovrò operare, ma io rimando finché posso". In quel preciso momento ci riappropriamo del controllo sulle nostre scelte e quindi sulla nostra vita.

Ammalarsi, specie di un brutto male, comporta la nostra presa di coscienza sulla precarietà della vita e su una nostra eventuale dipartita anzitempo. E sebbene tutti noi sappiamo che un giorno dovremo morire, sapere che quell'evento si verificherà con una certa probabilità in un arco di tempo ben preciso, ne amplifica il suo aspetto terrificante. La nostra fragilità viene ad un tratto messa allo scoperto e capiamo con poche semplici parole quanto tutto quello che facciamo è relativamente banale e futile. Ogni progetto, aspirazione, o status, può essere messo in discussione in qualsiasi momento. E' il comune denominatore per ogni specie vivente e per noi lo è ancora di più, perché possediamo la consapevolezza della malattia e del suo decorso. Se il nostro male è grave e comporterà la nostra fine, non dovremo fronteggiare solo la paura della malattia, ma anche quello di morire. E' una situazione molto difficile, che molto spesso comporta il ricorso a farmaci antidepressivi o il sostegno di uno psicologo.

Purtroppo non c'è nulla che possa modificare positivamente lo stato di prostrazione psicologica che si prova in queste situazioni. Ci sono però due cambiamenti che avvengono a livello mentale nel corso del tempo: la rassegnazione e purtroppo, quando si è vicini alla fine, addirittura il desiderio di precorrere i tempi, dettato dalla sofferenza fisica.

La paura dell'ignoto, non necessariamente correlata alla paura della morte, subentra per il fatto che ogni stato patologico significante, comporta delle modifiche nel futuro delle persone. Molto spesso, non si ha una visione d'insieme su ciò che comporterà la malattia; da qui scaturisce la paura dell'ignoto. Ad esempio, chi viene operato non sa come si sentirà dopo l'operazione, se soffrirà, se recupererà totalmente tutte le capacità fisiche o se avrà menomazioni. Quest'incertezza viene superata, alle volte, ascoltando i racconti degli altri che hanno avuto la nostra stessa esperienza. Anche se, sono convinto, finché non proviamo sulla nostra pelle ciò che comporta la malattia, non ci tranquillizziamo del tutto.

Si può combattere e vincere la paura della malattia? Innanzitutto dobbiamo capire che per ridurre il livello di stress e di paura, dobbiamo fare tutti gli accertamenti necessari quando sappiamo di avere un problema; rimandare, o peggio, far finta di nulla, magari aspettando che il male vada via da solo senza nessuna azione da parte nostra, non fa nient'altro che peggiorare la situazione. Fortunatamente, a differenza dei bambini, sappiamo distinguere il piccolo problema dalla situazione più seria. Un mal di pancia una volta ogni tanto o un mal di testa saltuario, è ben diverso da un dolore continuo e perenne. Anche se non tutte le malattie gravi danno dei sintomi evidenti nell'immediato e non tutti i sintomi importanti devono necessariamente essere correlati a malattie mortali.

Quello che più può aiutare a vincere la paura della malattia, è l'approccio che dovremmo avere nei confronti della salute. Sappiamo tutti benissimo che prevenire è sempre meglio che provvedere. Questa regola fondamentale dovrebbe spingerci a fare dei controlli sul nostro stato di salute anche quando in apparenza non abbiamo nessun tipo di problema. Fare almeno una volta l'anno le analisi del sangue e una volta ogni tanto qualche ecografia ai nostri organi interni o magari un elettrocardiogramma, può essere sicuramente utile. Soprattutto dobbiamo considerare tutti i fattori che potrebbero essere rilevanti nel nostro quadro clinico. Per esempio, condurre un tipo di vita poco salutare: bere superalcolici o fumare, mangiare in maniera sbagliata o essere sovrappeso, una vita sedentaria, ecc. Fattori ereditari, quali ipertensione, attacchi cardiaci, tumori, colesterolo o diabete. Insomma bisogna considerare l'eventualità di essere predisposti geneticamente alla malattia o se attraverso i nostri comportamenti insalubri ci candidiamo per ammalarci. E se anche fossimo gli individui più sani sulla faccia della Terra, con uno stile di vita perfetto e un quadro clinico familiare irrilevante, dovremmo comunque controllarci con una certa regolarità, soprattutto passati i quarant'anni. Questo secondo me può aiutare le persone a non avere paura delle malattie e a prevenire l'insorgenza di "brutti mali".

Quando invece si ha la sfortuna di non essere stati tempestivi nel bloccare la malattia sul nascere, bisogna avere sempre un atteggiamento positivo, cercando di combattere ogni tipo di patologia, con qualsiasi mezzo a nostra disposizione, compresa la forza di volontà e l'ottimismo.

Per ciò che concerne i mali incurabili, purtroppo bisogna arrivare allo stato della rassegnazione, così come ho detto nel capitolo riguardante la paura di morire. Quando il nostro animo si rassegna, accetta il decorso della malattia più serenamente. Non ci sono scappatoie.

Parlando della paura delle malattie è obbligatorio soffermarci sull'ipocondria. L'ipocondria è uno stato mentale patologico, che s'instaura in persone ansiose. Queste persone credono che qualsiasi piccolo sintomo possa celare una malattia e quindi si sottopongono a tutta una serie di visite per accertare il loro stato di salute. Molto spesso l'esito di questi accertamenti è negativo e quindi sentendosi poco soddisfatti e poco rassicurati dal risultato ottenuto, continuano a spendere soldi per trovare un qualcosa da curare. In realtà ciò che è da curare è il loro stato emotivo, che li porta a credere di essere perennemente ammalati. Questo problema è stato rappresentato molto efficacemente dall'opera di Molière "Il malato immaginario" (1673), in cui il protagonista, Argante, è proprio un ipocondriaco.

La paura di amare

L'amore è un argomento molto complesso da trattare senza scivolare nel banale; conseguentemente, la paura di amare richiede un'attenta analisi.

Prima di definire in che cosa si concretizza la paura di amare, bisogna analizzare bene il sentimento e vedere a cosa è legata la paura di amare.

Perché amiamo un'altra persona? Che cosa ci spinge a pensare di essere innamorati e quali sono i sentimenti reali che si provano in questa situazione? Perché alcune persone hanno paura di amare e che cosa comporta questo timore?

Quando incontriamo una persona interessante, la nostra mente esegue diverse valutazioni che andranno a influire sul nostro giudizio soggettivo. Innanzitutto generalmente c'è l'approccio iniziale, dove la valutazione si basa su parametri puramente estetici: gli occhi, la bocca, il viso nel suo insieme, la voce, le mani, le gambe, la prestanza fisica, persino l'odore: ogni singolo dettaglio, deve essere, ai nostri occhi, armonico nell'insieme.

Può avvenire anche che non ci si innamori subito, ma che ciò avvenga nel corso del tempo e non per ragioni puramente estetiche. Alle volte l'attrazione può essere causata da motivazioni psicologiche, da charme intellettuale, dalla scaltrezza o perfino da una esacerbazione della tenerezza. Anche l'altrui sensibilità può far innamorare.

Ma l'innamoramento, come tutti ben sanno, è solo la prima fase dell'amore, quella nella quale le persone si fanno poche domande. Ci si lascia trasportare dall'euforia, dalla passione e dalla felicità. Questo è il momento nel quale ogni cosa ci sembra meravigliosa e il nostro cuore pulsa freneticamente ogni qual volta entriamo in contatto con la persona di cui siamo innamorati.

La paura di amare può avvenire in questa fase? Ovviamente no, in quanto il sentimento vero e proprio ancora non si è manifestato nella sua totalità. Siamo innamorati di una persona, ma ancora non esistono tutti quei fattori che determineranno l'amore completo e magari non abbiamo ancora approfondito la nostra reciproca conoscenza. Soprattutto, non abbiamo ancora identificato e accettato gli elementi negativi che caratterizzano il nostro futuro partner. E' proprio grazie all'individuazione dei difetti e alla loro definitiva accettazione che viene sancito l'amore. Anzi, per meglio dire, sono proprio i difetti gli elementi che permetteranno alla nostra psiche di amare un'altra persona. In un certo senso, tracciamo il bilancio dei pro e dei contro e alla fine, il nostro sentimento (quando amiamo veramente) riesce perfino a trasformare gli aspetti negativi in peculiarità imprescindibili dalla personalità e ne fanno le caratteristiche tipiche della persona amata.

E se tutto questo avviene, ci sono degli aspetti fondamentali da considerare: la paura d'amare intercorre dal momento che ci s'innamora a quando ci si rende conto che il nostro sentimento non è una semplice infatuazione ma qualcosa di più profondo. Quando si ama un'altra persona, in un certo senso, si modifica una condizione esistenziale per trarne qualcosa: innanzitutto maggiore felicità, appagamento, sicurezza sentimentale, disponibilità, scambio intellettuale, una vita più dinamica; e tutto questo in cambio di una libertà più limitata, di una condivisione di scelte e di vita, di una esclusività sentimentale.

La paura di amare può derivare da tutta una serie di problematiche: può succedere che le persone siano rimaste ferite in passato e non abbiano intenzione di soffrire di nuovo; può avvenire di renderci conto che la persona che ci ha fatto innamorare sia totalmente inaffidabile, o troppo impegnata, oppure possieda delle caratteristiche o un modo di vivere a noi non congeniali. La nostra paura può anche nascere dal fatto che si temano coinvolgimenti affettivi che determineranno rinunce a stili di vita, a lavori o passioni. Proprio perché l'amore è un sentimento impegnativo che modifica sostanzialmente l'esistenza delle persone, qualora non trovi una predisposizione favorevole al suo sviluppo, può accadere che il passaggio dall'innamoramento all'amore vero e proprio, non avvenga o sia osteggiato dalla paura d'amare. Naturalmente quando questo succede, non viviamo questo sentimento meraviglioso con totale serenità, perché in noi coesistono due atteggiamenti contrapposti, uno negativo e l'altro positivo. Questo scontro nel nostro inconscio ha degli effetti disastrosi e molto spesso determina una frattura insanabile nel nostro rapporto con la persona di cui siamo innamorati, fino ad arrivare allo scioglimento di qualsiasi legame.

La paura d'amare è, al contrario di molte paure, un sentimento molto logico e spiegabile dal punto di vista psicologico. Molto spesso l'essere umano quando viene coinvolto in questi stati emotivi, nonostante nella prima fase iniziale sia condotto dal trasporto passionale dell'innamoramento, in seguito riesce a ragionare sui propri sentimenti e sulle loro implicazioni. Ed è proprio in questa fase che possono nascere le paure: quando ci fermiamo a pensare a quello che proviamo, a ciò di cui abbiamo bisogno, a ciò che possiamo offrire e a tutti gli effetti che il nostro sentimento, se portato avanti, potrebbe comportare.

Molti potranno obiettare che l'amore è un sentimento istintivo, che non si può trattenere, nascondere o impedire. Ma la realtà dei fatti e l'esperienza dimostrano che gli individui riescono a non farsi coinvolgere dalle emozioni, se queste comportano delle problematiche insormontabili. Quando ciò dovesse avvenire, queste persone sono solitamente accusate di essere irresponsabili o incoscienti. E questo, a mio avviso, è uno degli aspetti più belli dell'amore: ci rende imprevedibili e irragionevoli. Ma come potrebbe essere altrimenti, se l'amore nasce dal cuore e non dalla testa? Il nostro intelletto cerca di combattere e di contrastare ciò che ci potrebbe arrecare danno o ferire, ma non sempre riesce nel suo intento. E allora, ci lasciamo andare alla passione, ci facciamo travolgere dai sentimenti, incuranti dei pericoli e di ciò che il mondo pensa.

La paura d'amare può colpire le persone che sono del tutto nuove a questo sentimento, come per esempio i giovani? Sicuramente sì, anche se i ragazzi generalmente sono più portati ad avere altre reazioni quando provano per la prima volta l'amore vero. Molto spesso sono per lo più incuriositi, euforici, eccitati; può accadere comunque, che quando si avverta per la prima volta questo coinvolgimento emotivo così intenso, l'adolescente rimanga confuso o possa avere un comportamento instabile con sbalzi di umore che vanno dalla felicità alla depressione; il più delle volte tutto ciò fa trasformare l'amore in una vera e propria possessività cambiando così le peculiarità essenziali del sentimento. Quando questa instabilità emotiva viene auto percepita, generalmente viene combattuta per riacquistare l'equilibrio originario, anteponendo il bene per se stessi a quello verso la persona amata, con il risultato di un possibile allontanamento o una totale rottura del rapporto. In questo caso è l'inesperienza a causare un brutto scherzo e a far valere la regola che vede la paura come una perdita del controllo che abbiamo sulla nostra vita e su noi stessi.

La paura d'amare, però, è soventemente causata da esperienze passate, nelle quali abbiamo sofferto e sono state per noi un momento di sofferenza. Le esperienze negative, che sono utili alla nostra sopravvivenza, creano uno scudo difensivo nei riguardi dell'amore. Coloro i quali in passato sono stati feriti, tendono a stare sulla difensiva e a non fidarsi dei propri sentimenti e di quelli degli altri. Questa cautela, che alle volte può essere anche eccessiva e degenerare in una totale chiusura nei confronti della vita sentimentale, è semplicemente un'arma difensiva, messa in atto per proteggerci. Tanto più si è sofferto, tanto meno siamo disposti a lasciarci andare all'amore e ad assumerci dei rischi. La negatività e il pessimismo riescono a rovinare i sentimenti genuini che proviamo quando amiamo. Le persone diventano sospettose, guardinghe, gelose, impulsive e suscettibili, come se la persona che ci è davanti sia legata a un filo invisibile a colui o colei che in passato ci hanno ferito e per questo motivo deve pagare. Ma è giusto il nostro comportamento? Per quanto sia comprensibile che una persona si preoccupi di non soffrire nuovamente, non è corretto innalzare tutti i nostri scudi al cospetto di chi è riuscito a fare breccia nel nostro cuore, per diversi motivi: le persone innanzitutto sono tutte differenti, così come le storie che si creano. L'amore non è solo ricevere ma è uno scambio reciproco di attenzioni, sentimenti e partecipazioni dove entrambe le persone devono apportare le proprie esperienze di vita senza che queste turbino il rapporto instaurato. Quando si da o si fa qualcosa per la persona amata, non si fa per compiacere chi amiamo, ma lo facciamo per noi stessi, per sentirci meglio. Se non ci concediamo, siamo noi per primi ad essere infelici, perché ci priviamo di qualcosa che solo noi possiamo dare. Se abbiamo paura di amare, per qualsiasi motivo, rendiamo noi stessi infelici, prima ancora degli altri.

Con questo non voglio asserire che chiunque in passato abbia sofferto le cosiddette "pene d'amore", possa rituffarsi in un'altra storia senza pensarci troppo. Questi meccanismi, purtroppo e per fortuna, sono naturali, ed è difficile mutare le nostre attitudini verso i sentimenti semplicemente con la nostra logica o leggendo i consigli di un libro. Certamente non intendo promuovere con le mie considerazioni sulla paura d'amare, una disinvoltura sentimentale che potrebbe causare false illusioni, sofferenze e depressioni. Il mio scopo è analizzare le radici delle nostre ansie, cercando di dare una giusta valutazione ai nostri spontanei comportamenti.

Anche chi vi sta scrivendo, nel corso della propria vita sentimentale, ha potuto sperimentare la paura d'amare, dovuta ad una precedente esperienza negativa. Proprio analizzando il mio percorso, posso affermare che nessuno di noi nasce con questo tipo di paura.

Generalmente quando si ama, si ha paura di perdere l'amore, perché ci troviamo in Paradiso e temiamo di precipitare sulla Terra. E' proprio quando ciò avviene, che subentra la paura d'amare: abbiamo paura di ritornare in Paradiso per poi ricadere bruscamente. Riprendendo una vecchia canzone degli Yes, "Owner of a lonely heart" (Proprietari di un cuore solitario), mi viene in mente un'affermazione sulla quale possiamo riflettere: i proprietari di un cuore solitario stanno meglio dei possessori di un cuore infranto. Sicuramente è una scelta personale da che parte schierarsi.

Ma allora mi chiedo e vi chiedo: cosa è meglio? Vivere una vita senza correre rischi, circondandoci di sicurezze, nuotando nel limbo dei sentimenti, o vivere intensamente la vita sapendo accettare i rischi del suo percorso, nonché le sue negatività, con la consapevolezza di poter in questo modo arrivare alle vette estreme delle passioni (nel senso lato della parola)? Io ho scelto quest'ultima strada.

La paura d'amare si può trasformare anche in paura di essere amati. Quand'è che avviene questa trasformazione? Questa modifica dei nostri atteggiamenti nei confronti degli altri, avviene quando abbiamo deciso di non lasciarci coinvolgere sentimentalmente da chicchessia. Quando il nostro animo è chiuso e non abbiamo intenzione di lasciarci andare perché siamo troppo presi dai nostri problemi o dalle nostre vite, oppure stiamo ricomponendo il mosaico della nostra anima, cosicché temiamo che qualcuno si possa innamorare di noi e di conseguenza fuggiamo. Ci rendiamo irreperibili, siamo evasivi nei discorsi, elusivi nelle risposte, totalmente inaffidabili e inarrivabili. Questo scudo amoroso, in realtà cela una fragilità emotiva tipica di chi è debole sentimentalmente. Ovviamente non sto parlando di coloro che cambiano partner ogni giorno, semplicemente perché vivono il sesso come sport. Mi riferisco invece a coloro i quali trasudano l'amore dalla pelle, ma fanno di tutto per asciugarlo, impedirlo, ostacolandone la normale fuoriuscita. E' da tenere ben presente che chi opera queste scelte, generalmente vive nel rimpianto, perché nel corso del tempo la consapevolezza di aver perduto una chance di felicità comincia a serpeggiare nei nostri pensieri, soprattutto nei momenti di solitudine o d'inaridimento sentimentale. Quando però abbiamo allontanato una persona che ci ama con i nostri comportamenti distaccati, raramente riusciamo a riconquistarla nel corso del tempo. Ciò è dato dal fatto che chi ama, idealizza la persona coinvolta. Mentre all'inizio il comportamento sfuggente può acquistare lo status di frutto proibito, con l'andare del tempo può stancare, suscitando il disinteressamento per perdita di stima. Non sempre "vince chi fugge", ma spesso "stanca chi fugge". Alla fine, anche chi ama intensamente può stancarsi di correre appresso ad una persona.

Occasionalmente, ho avuto modo d'incontrare persone, sia uomini che donne, che affermavano con convinzione che non si sarebbero più legate a nessuno, o che non avevano intenzione di legarsi. Queste sono le tipiche persone alle quali mi riferivo pocanzi: chiunque prenda le distanze da un sentimento precludendosi a priori una scelta di cuore, opera a mio avviso letteralmente contro natura, in quanto i comportamenti dettati dal cuore non possono essere deviati dalla mente, né viceversa ed è per questo motivo che la questa scelta ha due possibili epiloghi: procurerà sofferenza a se stesso e agli altri, oppure fallirà miseramente.

La paura d'amare, non colpisce solo per un aspetto dell'amore, ma agisce in molti ambiti. Molte persone credono che l'atto di amare possa procurare dispiaceri nel tempo. A tal riguardo, esistono coppie che decidono di non avere figli perché credono che un giorno il loro amore possa essere ripagato con menefreghismo, ingratitudine o solitudine. Oppure hanno paura che il loro sentimento verso la prole possa togliere qualcosa all'amore verso il partner. Esistono inoltre coppie che decidono di non mettere al mondo nessun discendente per evitare che i loro figli possano soffrire, o vivere patendo (l'indigenza, la mancanza di lavoro, la mancanza di futuro). E' una scelta (negativa) anche questa dettata dalla paura d'amare (o meglio: di soffrire per il loro amore). Ma è un amore che non nascerà mai.

La paura dei ladri

La paura dei ladri è un sentimento legato al timore che qualcuno possa appropriarsi dei nostri beni e per farlo, possa fare del male a noi o ai nostri cari. Solitamente questa angoscia avviene in spazi circoscritti, quale la propria abitazione o nella propria macchina, oppure quando ci troviamo in posti isolati con persone sconosciute. Questo tipo di paura può aumentare, se già in passato siamo stati vittime di crimini o magari, qualcuno di nostra conoscenza lo è stato.

L'effetto di questo stato emotivo, comporta diversi atteggiamenti: si diventa guardinghi, si sta sulla difensiva con le persone sconosciute che ci possono avvicinare (specie in posti isolati), ma soprattutto difendiamo le nostre proprietà adottando misure cautelative e sistemi che tendano a scoraggiare atti illeciti.

Ecco allora che dotiamo le nostre abitazioni di sistemi di allarme, porte, serrande e finestre blindate, telecamere a circuito chiuso, cani da guardia, inferriate, fotocellule, casseforti, cassette di sicurezza, agenti di custodia privati, bodyguards, lezioni di difesa personale e arti marziali varie, fino ad arrivare ad armi vere e proprie.

Come conseguenza emotiva, si ha un innalzamento di ogni tipo di barriera protettiva, persino psicologica.

Ma è sufficiente adottare tutte queste misure preventive per far cessare questo tipo di paura? Tutte le contromisure che noi mettiamo in atto per prevenire l'azione di un criminale o di un gruppo di malviventi, ci può tranquillizzare, anche se non toglie completamente ogni tipo di timore, in quanto le occasioni e le variabili che si possono presentare ed esporci a pericoli, diventando quindi i soggetti di un aggressione, sono moltissimi. Sicuramente tutte le azioni preventive che si mettono in atto contro il crimine servono a indurci sicurezza. Di notte se abitiamo in una casa protetta da inferriate e abbiamo una porta blindata ci sentiamo più sicuri.

Se i nostri gioielli si trovano in una cassetta di sicurezza, possiamo stare più tranquilli, che avendoli in casa.

Quando ci fermiamo in una strada pericolosa e ci chiudiamo dentro la nostra autovettura, ci sentiamo sicuramente più protetti.

Se viviamo in una villa e possediamo dei cani da guardia oltre ai soliti dispositivi di sicurezza , ci sentiremo più protetti.

E così via: se abbiamo partecipato ad un corso di difesa personale o siamo cintura nera di Karatè, ci sentiamo più forti e meno alla mercé di eventuali criminali.

Tutte queste contromisure, in effetti sono solo espedienti psicologici per stare sopra al limite minimo che ammettiamo per vivere una vita serena. Infatti come tutti avranno sperimentato, o letto sui giornali, non esiste antifurto o protezione che ci possa mettere al riparo, se un ladro ha deciso di prendere di mira noi e i nostri beni. Perfino in America, dove esiste la possibilità di tenere dentro casa un arma da fuoco e uccidere chi entra nelle nostre proprietà a scopo di delinquere, non si sentono al sicuro.

Gli allarmi possono essere silenziati ed è successo anche che fossero gli installatori stessi, essendo gli unici a conoscenza della struttura dell'impianto, gli artefici del furto.

I cani si possono addormentare o avvelenare. Le porte, le finestre e le serrande blindate possono essere forzate, o bypassate con una fiamma ossidrica. Le grate possono essere tagliate.

La difesa personale, può essere utile se ci si trova ad affrontare un ladro impreparato e da solo. Ma se si dovesse affrontare un ladro fisicamente prestante e allenato alla lotta o un gruppo di malviventi, qualsiasi pratica potrebbe essere inutile e anzi, controproducente, perché incattivirebbe chi vi si trova di fronte. A meno che non siate Bruce Lee!

Insomma tutte le misure atte a contrastare la criminalità, servono solo in un'ottica di maggiore serenità, ma non di totale sicurezza. Noi siamo ben consapevoli che tutto ciò che adottiamo per proteggerci, serve solo a prendere tempo e a contrastare la mini criminalità o i ladri improvvisati, ma non dei professionisti del furto.

Chi è che è veramente al riparo da aggressioni e può sentirsi al sicuro? Quasi nessuno; solo chi non sfoggia, non attira su di sé sguardi e tentazioni, chi abita in abitazioni modeste (e non sempre), chi guida macchine comuni o utilitarie (ricordiamoci che una utilitaria può costare 8-10000 euro e quindi risulta essere sempre appetibile). Insomma chi non si espone e non mostra.

Mi ricordo che quando mi è capitato per lavoro di recarmi a Rio De Janeiro, famosa per la sua microcriminalità attiva di giorno e di notte in qualsiasi luogo, l'unico modo per non essere aggredito era quello di girare in calzoncini e maglietta, senza gioielli o orologi, tenendo nelle tasche il denaro minimo per sopravvivere.

Credo che ognuno di noi abbia sperimentato almeno una volta nella vita di entrare in contatto con un criminale. Io narrerò le mie esperienze, cercando di valutare i diversi comportamenti.

Quando ero piccolo, entrarono nel nostra casa, durante la nostra assenza dei ladri d'appartamento. Noi all'epoca, abitavamo al primo piano, ed era molto facile entrare dal balcone arrampicandosi. Negli anni 70, non c'era ancora la cultura di proteggersi con porte blindate e grate alle finestre. Anche altri appartamenti del nostro stesso condominio erano stati "visitati", ma non pensavamo che sarebbe toccato anche a noi. I racconti di quelli che avevano subito un furto erano terribili: case devastate, divani squarciati, feci sul pavimento per sfregio allorquando i criminali non trovavano granché da portare via.

Mi ricordo che quando tornammo a casa, mio padre infilò la chiave nella serratura e sentimmo che qualcuno chiudeva la porta dall'interno, mettendo il chiavistello. Mio padre avvertì il rumore e si mise subito in allarme. Ma questo servì a ben poco, perché nel frattempo i ladri avevano preso quello che avevano potuto ed erano scappati dalla finestra da dove erano entrati. Mio padre suonò al vicino e gli chiese di poter saltare dal suo balcone al nostro, per poter accedere all'interno. Quando finalmente riuscimmo ad entrare, trovammo una scena allucinante: la nostra casa, che mia madre teneva con una cura maniacale, letteralmente sottosopra. I ladri avevano frugato dappertutto, ma alla fine, quando ci sentirono ritornare, furono costretti a lasciare parecchie cose, accontentandosi di ciò che erano riusciti a prendere al volo.

Quello che più da fastidio in una situazione del genere, è il senso di profanazione che si avverte quando un estraneo fruga tra le tue cose, mettendo tutto all'aria.

Sempre nello stesso appartamento, qualche tempo dopo riprovarono ad entrare; quella volta noi eravamo presenti e mi ricordo che, mentre stavamo vedendo la televisione verso le nove di sera, avvertimmo dei petardi che scoppiettavano sul balcone. Mio padre pensava che fosse il figlio del vicino che si stesse divertendo; ma non si affacciò, forse perché aveva intuito che la faccenda era alquanto sospetta, visto che il ragazzo era molto tranquillo e molto educato. Dopo un po' sentii mio padre che da dietro la serranda diceva: "andate via, stiamo chiamando la polizia".

Ovviamente capimmo subito cosa stava succedendo.

Rimanere in quella casa divenne un vero incubo. Tutte le notti, al minimo rumore, mi nascondevo sotto le lenzuola smettendo perfino di respirare, con il cuore che batteva all'impazzata. Molto spesso, preso dalla paura, cercavo riparo nel letto dei miei o di mia sorella. E di notte mi capitava di fare incubi che avevano sempre lo stesso tema: i ladri in casa. Quando cambiammo appartamento, fu un vero e proprio sollievo. Abitavamo al terzo piano, in una zona molto trafficata. Nonostante dormissi da solo, mi sentivo molto più sicuro e tranquillo e da allora non chiesi più asilo nel letto dei miei. Oggi, quando avverto il minimo rumore, sono il primo che si alza e il senso di protezione per la mia famiglia, prevale sicuramente sulla paura di affrontare un pericolo.

Altre due volte ho avuto a che fare direttamente con malviventi: una volta un ragazzo si era seduto sul mio motorino e stava

tentando di rompere il lucchetto della catena, per rubarlo.
Quando me ne accorsi, andai ad affrontarlo direttamente
chiedendogli (testuali parole): "Che ti sei perso? Cosa cerchi di
fare?". Il ragazzo mi disse che non stava facendo nulla, ma
stava solo guardando come era fatto il lucchetto. Gli dissi di
scendere, prima che chiamassi i carabinieri. Naturalmente non
se lo fece ripetere e tagliò la corda.

Un'altra volta, circa un anno fa, a Barcellona, dentro un vagone
della metropolitana, tentarono di scipparmi il portafoglio dalla
tasca posteriore dei miei calzoncini. Erano in tre: uno faceva
finta di essere ubriaco e mi rivolgeva delle frasi in spagnolo
venendomi avanti con il viso, quasi facendo finta di attaccare
briga. Un altro faceva finta di portarlo via, chiedendomi scusa,
mentre un terzo alle mie spalle, già mi aveva sfilato il
portafoglio senza che me ne accorgessi. Solo per puro caso, o
per un sesto senso, ho intuito che era una scena creata ad arte,
per abbassare le mie difese e ho controllato la tasca dove tenevo
il portafoglio. Quando ho sentito che mi era stato sottratto, ho
capito che erano stati i due che mi stavano di fronte insieme ad
un loro complice; ho allargato le braccia circondandoli e ho
cominciato ad urlare verso di loro, reclamando il maltolto. Sarà
perché mi hanno visto piuttosto grosso e arrabbiato, sarà perché
tutti gli altri occupanti del vagone si sono girati per capire cosa
stava succedendo, ad un tratto il mio portafoglio è stato fatto
cadere per terra e nell'istante che m'inchinavo per raccoglierlo, i
tre furfanti uscivano dal treno, prima che le porte si
richiudessero.

La paura dei ladri è legata soprattutto a due fattori: il terrore che
qualcuno possa fare del male a noi o ai nostri cari e l'effetto
sorpresa, cioè il ritrovarsi faccia a faccia con uno sconosciuto
all'improvviso, sentendosi impreparato. Non vi è un timore
vero e proprio legato alla sottrazione del bene, anzi quello è il
motivo che ci può portare a combattere; anche se bisogna tener
presente sempre, che nessun bene vale la nostra incolumità.

Nelle rapine che avvengono in luoghi pubblici quali banche o
supermercati, generalmente, le persone sono terrorizzate dalle

armi e dalla violenza intrinseca della situazione, rimanendo coinvolti indirettamente da un evento che generalmente non va a ledere gli interessi dei singoli, ma i beni di una collettività o di una società.

Quando viene a mancare l'effetto sorpresa o un'esplicita violenza da parte del criminale, (che può essere rappresentata anche solo nel mostrare un arma), le persone hanno meno paura; magari accusano uno shock a posteriori, ma lì per lì, l'adrenalina e la carica emotiva aiutano ad affrontare il pericolo.

Il ladro, anche quando sia prestante fisicamente, si trova sempre in una situazione difficile, forse di più della sua vittima, perché non sa quale reazione può scatenare il suo gesto, che tra l'altro, deve essere portato a termine nel più breve tempo possibile, lasciando scarsi indizi ai corpi di polizia per la sua successiva identificazione. Anche il malvivente ha paura e molto spesso evita la colluttazione, preferendo la fuga. Alle volte può succedere che ferisca o uccida proprio per paura.

I pericoli più grandi sono rappresentati da due diverse tipologie di criminali: i tossicodipendenti (specialmente quelli che si trovano in crisi d'astinenza), e le persone che non hanno nulla da perdere. I primi, sono imprevedibili e non avendo un normale raziocinio, possono estremizzare la violenza. Il secondo tipo di criminale, commette il reato per sopravvivere o per procurarsi i generi di sopravvivenza, ed è pronto a esasperare la situazione, pur di ottenere ciò di cui ha bisogno.

La nostra reazione può determinare la risposta del nostro aggressore; sicuramente quando un criminale è messo alle strette, difende la sua libertà e la sua persona dando luogo a tutte le azioni violente di cui è capace in quel momento. Ma se la nostra reazione alla violenza tende solo alla protezione di noi stessi e al massimo di ciò che abbiamo, senza ulteriori affondi, abbiamo discrete probabilità di scampare il pericolo.

Chi vive a stretto contatto con la criminalità ha una diversa percezione del pericolo; l'abitudine umana al crimine non determina un abbassamento del livello di protezione che possiamo adottare nei confronti del pericolo, ma paradossalmente riduce il livello di stress e di ansia che un essere umano contrappone al pericolo effettivamente percepito. Ovverosia, se conosciamo il nostro nemico, riusciamo a delinearne i contorni e a prenderne le misure, valutando il pericolo reale. Con questo non si vuole far credere che abitare in un quartiere pericoloso dia più tranquillità rispetto ad uno con un alto grado di sicurezza e di senso civico. Sicuramente vivere in un paese ricco e civile è più sicuro che vivere in una zona pericolosa. Ma la percezione e la valutazione del pericolo è diversa.

Quando camminiamo per strada esiste la possibilità che qualcuno possa tentare di rapinarci, togliendoci la borsa, rubando il portafogli dalle tasche o intimandoci di consegnare tutti i nostri beni. In realtà per tutte queste situazioni, la paura scaturisce solo al momento che si percepisce il criminale o che si ha percezione del pericolo. Se qualcuno tenta di rubarci il portafoglio, nella maggior parte dei casi non si ha nemmeno il sentore di ciò che realmente sta succedendo e al momento che si realizza di essere stati vittima di un borseggio, la prima reazione è di collera o al massimo di frustrazione, ma sicuramente non vi è nessun tipo di paura.

Quindi in conclusione si può dire che la paura del crimine scaturisce solo quando ci sentiamo minacciati in prima persona. La psicologia umana tende a proteggere per quanto possibile la stabilità emotiva, proprio per evitare che, comportamenti sbagliati, possano mostrarci molto più deboli di quanto siamo, in caso di attacco.

La paura di volare

Questo capitolo, riguarda un tipo di paura detta aerofobia, con la quale mi sono rapportato molto di frequente, per il tipo di professione che ho svolto negli ultimi venti anni: l'assistente di volo.

Molto spesso mi è capitato di avere a bordo delle persone totalmente atterrite dall'esperienza del volo. Non mi riferisco solo a coloro i quali salgono sopra un aereo per la prima volta, ma anche a tutte quelle persone che pur avendo navigato per anni, ancora passano tutto il periodo del volo in un evidente stato di agitazione.

Ma perché si ha paura dell'aereo? Ci sono numerose risposte a questa domanda.

Iniziamo dal mezzo su cui stiamo viaggiando: un tubo angusto (nonostante gli oblò e la luce al neon all'interno) che alimenta nelle persone sensibili un senso di claustrofobia e di isolamento. Il rumore dei motori poi, soprattutto in determinate aree della carlinga (sulle ali o nella parte posteriore), non favorisce certamente il rilassamento. L'impossibilità d'interrompere l'esperienza (nel nostro caso poter scendere) quando si vuole.

L'accelerazione e la percezione della velocità sono poi elementi di stress che vanno ad aggiungersi alle varie sollecitazioni e a eventuali sobbalzi dovuti al vento, alle perturbazioni o ai cosiddetti "vuoti d'aria". A proposito dei vuoti d'aria, si deve assolutamente specificare che questo è un termine coniato dai non addetti ai lavori (i famigerati mass media, o meglio qualche giornalista ignorante) e che in realtà l'aria è presente dappertutto: l'aereo si trova a passare in correnti ascensionali o discensionali che possono alterare, a seconda della loro forza la quota dell'aereo, anche in maniera repentina e violenta. Non esistono, dunque, i vuoti, se non quelli di cultura. In gergo aeronautico queste situazioni sono chiamate "turbolenze in aria chiara" e sono molto insidiose, in quanto non vengono rilevate dagli strumenti di bordo, ma sono solo segnalate dagli aerei che eventualmente v'incorrono. Per questo motivo, ai passeggeri viene consigliato in via precauzionale, di tenere sempre le cinture allacciate anche quando il relativo segnale è spento.

Questi elementi appena citati, sono quei fattori che, come ho descritto all'inizio di questo libro, alterano l'equilibrio emozionale, turbando la nostra calma. Soprattutto i sobbalzi improvvisi dovuti a una piccola perdita di quota di volo, che avviene in presenza di "wind shear" (raffiche di vento) o ai sopracitati "vuoti d'aria", procurano nel passeggero un'improvvisa accelerazione verso il basso o verso l'alto, che causa nelle persone più apprensive paura e, alle volte, vero e proprio terrore.

La paura di volare può risiedere anche nel fatto che mettiamo la nostra vita in mano ad altri e quindi perdiamo il controllo attivo sugli eventi.

Non sapere cosa succede in ogni fase del volo e a cosa corrispondono tutti i rumori che si avvertono, suscita in alcuni passeggeri un forte stress. Infatti accade frequentemente che il comandante, in alcune fasi di un viaggio perturbato, possa fare un annuncio per tranquillizzare i passeggeri e ragguagliarli sulla situazione in atto. Per la gente atterrita è veramente una comunicazione provvidenziale.

Ci sono altri fattori che alimentano la paura di volare. Se l'aereo si trova a volare in mezzo ad un temporale o è circondato da nuvole minacciose che emettono lampi suggestivi, ovviamente si starà più in tensione rispetto ad un volo operato in un cielo limpido.

Il buio del cielo durante i voli notturni, sicuramente non è rassicurante e a pensarci bene, non lo è nemmeno quella luce intermittente che illumina sprazzi di cielo come fantasmi nell'oscurità. E' un po' come quando si fa un bagno in mare di notte: pur sapendo che non c'è nulla che ci possa far male, il fatto di non vedere sotto di noi ed essere immersi nell'ignoto, può far stare in apprensione.

C'è un qualche cosa che però contribuisce più di ogni altra cosa ad alimentare la paura: la suggestione. La suggestione è un'influenza psicologica. Essa è causata da tre motivi: un fattore scatenante, un motivo intrinseco ed uno estrinseco. Il fattore scatenante è dato da un elemento non necessariamente pericoloso o disgustoso ai nostri occhi, ma che contiene dei dati che innescano nel nostro cervello una reazione emotiva. Ad esempio la vista del sangue può suggestionare. Oppure se ci troviamo al buio e sentiamo scricchiolare una porta, possiamo impressionarci.

Il motivo intrinseco invece, è dovuto al nostro rapportarci al mondo, alla nostra cultura e alla nostra situazione psicologica. Per esempio, quando subiamo un lutto, siamo emotivamente molto fragili, e possiamo temere situazioni che prima non ci colpivano.

Il motivo estrinseco è dovuto ai mass media o a fattori esterni.

Per quanto riguarda il motivo intrinseco, ne ho già parlato: ci sono persone paurose, che temono tutto. Ci sono passeggeri che ritenendo il volo come un qualcosa di innaturale, non lo accettano classificandolo quindi inammissibile, inaccettabile e dunque pericoloso; vi sono coloro che non conoscono nulla dell'ambiente aeronautico e di conseguenza lo temono. Le persone che si trovano in uno stato emotivo fragile o che si sentono sobbarcati da responsabilità quali famiglia e soprattutto figli, rifiutano di esporsi a ciò che loro ritengono pericoloso o meglio valutano pericoloso (anche se effettivamente non lo è).

I motivi estrinseci riguardano invece tutto ciò che è indirettamente concernente il volo (quali per esempio la situazione politica di uno Stato) o la cattiva pubblicità proveniente dai mass media, quali televisioni e giornali. Mi spiego meglio: l'aereo è uno dei mezzi più sicuri che ha inventato l'uomo per spostarsi. E' sicuro per tantissimi motivi: gli aerei vengono scrupolosamente controllati prima, durante e dopo il volo. Vengono revisionati totalmente ogni determinato periodo di tempo. Qualsiasi anomalia, viene prontamente aggiustata o sostituita e nel caso faccia parte delle cosiddette

90

"anomalie incompatibili", l'aereo verrà fermato. Esistono organismi di controllo nazionali e internazionali che supervisionano sull'operato delle compagnie aeree affinché queste ultime applichino tutte le procedure previste per la salvaguardia e l'incolumità dei passeggeri, dettando norme generali a cui ogni società deve rapportarsi e rispettare, per poter continuare ad operare voli commerciali. Oltre a questo, tutti gli incidenti che sono occorsi nel tempo, vengono analizzati dagli esperti di settore per poter capire dove è stato commesso l'errore, affinché non si ripeta più, ma anzi possa servire per migliorare sempre di più l'aspetto sicurezza. Gli aerei poi, sono sempre più tecnologicamente avanzati; il software che regola i computer di bordo, interagisce con il pilota, lasciando sempre meno spazio a possibilità di errori umani. In ultimo, l'iter per conseguire il brevetto di pilota di linea è molto complesso e presuppone un alto grado di professionalità.

Tutto ciò ha reso la navigazione aerea sempre più sicura; ogni anno si registrano sempre meno eventi che hanno un risvolto fatale. Per citare alcuni numeri, nel 2011 in tutto il mondo ci sono stati 507 morti in 28 sciagure aeree. Per contro gli incidenti stradali solo in Italia sono stati oltre 205'000 con 3860 morti e oltre 292'000 feriti.

Queste cifre dovrebbero far capire che il pericolo reale dovrebbe essere valutato per quello che è effettivamente e non per quello che i giornali e le televisioni ci propinano per aumentare l'audience o la tiratura quotidiana. Ma soprattutto dovrebbero far capire come la mente umana, sia facilmente influenzabile anche con insignificanti sciocchezze.

Nonostante tutti questi aspetti positivi però, quando accade un incidente, sia i giornali che le televisioni ne danno ampio risalto, enfatizzando la tragedia in tutti i suoi aspetti, sottolineando il numero dei morti, riprendendo le scene strazianti dei parenti che si struggono nelle sale d'attesa degli aeroporti in attesa di parenti che non giungeranno mai.

E' chiaro che tutti rimangono colpiti da una sciagura che coinvolge molte persone messe insieme, ma è molto facile speculare sul dolore, dando per giunta moltissime informazioni sbagliate sugli eventi intercorsi, che molto spesso impressionano l'opinione pubblica.

La suggestione può essere indotta e può contagiare. Un piccolissimo esempio: se entrate dentro un aereo, non troverete mai la fila 13 o 17, tolte per evitare che alcuni passeggeri superstiziosi (la superstizione influenza e suggestiona), possano protestare e pretendere di cambiare posto per scaramanzia (anche negli ospedali il letto numero 17 viene omesso o diventa quasi sempre 16 bis). Poi, le persone in preda al panico possono indurre le stesse paure, (e quindi suggestionare) in coloro che si trovano nelle vicinanze. La paura come tanti altri sentimenti, come la felicità, la tristezza o la rabbia, può essere trasmessa agli individui che occupano lo stesso ambiente, specie se è un ambiente chiuso.

Come assistente di volo, nel corso di questi anni, purtroppo mi è capitato di trovarmi al lavoro dopo qualche tragico avvenimento. Quando mi trovo a svolgere la famosa "dimostrazione" delle uscite d'emergenza, l'espressione della gente cambia sensibilmente. Mentre nelle altre occasioni, i passeggeri ci rivolgono degli sguardi distratti, oppure sorridono ironicamente, dopo un incidente sono tutti molto più attenti e ci prendono molto seriamente. Sarà la fifa? In realtà, non è tanto la paura a farli stare attenti, ma un pensiero diverso che prima non li sfiorava: quello che è successo agli altri, forse potrebbe succedere anche a loro.

Mi è capitato anche di avere a bordo quei gruppi di persone che svolgono il corso che dovrebbe aiutarli a superare la paura del volo. Grazie al supporto di psicologi e di assistenti di volo, vengono introdotti a tutto ciò che concerne l'ambiente aeronautico. Vengono ospitati dentro simulatori di volo, dove cominciano a familiarizzare con l'aereo e le varie fasi del volo. Insomma, gradualmente vengono avvicinati a quella che sarà la loro prima esperienza di volo. Dopo il simulatore e il corso, affronteranno due voli di un'ora l'uno, andata e ritorno su una tratta italiana. Per inciso, a questo corso partecipano anche persone che pur avendo già volato, non riescono a superare la paura.

Il loro atteggiamento quando arrivano a bordo generalmente è molto gioviale; sono sempre di buon umore e scherzano molto all'interno del loro gruppo, e questo è un atteggiamento tipico di chi vuole alleggerire la tensione. Ma ai miei occhi sensibili alla psicologia del passeggero, la loro risulta una strana allegria; infatti appena l'aereo comincia a muoversi, s'irrigidiscono sul sedile, si aggrappano ai braccioli o allo schienale del passeggero anteriore e cominciano a guardarsi intorno e fuori dagli oblò, cercando di captare qualsiasi segnale provenga dal mondo che li circonda: rumori, suoni, conversazioni, sguardi. Le loro mani cominciano a sudare e le stringono a coloro che si trovano vicino. Il momento del decollo è quello più delicato, perché li introduce verso uno stato di prostrazione psichica già precario.

Un giorno mi trovavo a effettuare un volo di trasferimento (in gergo chiamato "must go"), per prendere servizio successivamente a Milano; quando effettuiamo questo genere di spostamenti siamo a bordo come passeggeri, ma indossiamo la divisa. Al momento dell'imbarco, venne da me lo psicologo che accompagnava il gruppo e mi domandò se fosse possibile che accanto a me sedesse una persona che era al suo primo volo e che aveva appena seguito il corso "voglia di volare". Mi chiese di stargli vicino nel caso avesse un attacco di panico. Naturalmente fui ben lieto di aiutare quella persona. Per tutta la fase dell'imbarco e del rullaggio verso la pista di decollo, il tipo era rimasto tranquillo e anzi scherzava facendo finta di nulla. Appena l'aereo iniziò la sua corsa per alzarsi in volo, mi prese la mano e me la strizzò fra la sua, che ovviamente era tutta sudata. Poi s'inarcò con la schiena buttando il collo all'indietro spingendolo contro lo schienale. Per tutta la salita emise una specie di mugolio e di rantolo, che quasi copriva il rumore dei motori. Nonostante le mie rassicurazioni e i miei incoraggiamenti, rimase in quella posizione, teso come una corda di violino, fino a quando l'aereo non livellò e il rumore proveniente dai motori diminuì d'intensità. Per tutta la crociera, tornò in uno stato apparentemente tranquillo, scusandosi con me per quella reazione esagerata. Poi quando l'aereo cominciò la fase di discesa, ricominciò a essere teso e a stringermi la mano come una morsa. E per fortuna che era capitato in una giornata di sole, senza vento e turbolenze varie…

Molti passeggeri intimoriti dal volo, nel corso di questi anni, mi hanno rivolto la stessa identica domanda: "Ma lei non ha paura?", oppure "Non ha mai avuto paura?". Gli assistenti di volo, hanno paura del volo come tutti quanti gli altri esseri umani. Solo che abbiamo una "soglia" di sopportazione differente, proprio perché ci troviamo sull'aereo tutti i giorni e, per così dire, siamo abituati a tutte le situazioni e sensazioni che si vengono a creare durante il volo. E poi la nostra preparazione professionale elimina quasi totalmente quell'ignoranza (la non conoscenza) che sta alla base di molte paure; proprio perché ci troviamo in cabina con i passeggeri e non siamo noi che pilotiamo, non sappiamo quale è la situazione "davanti", ossia in cabina di pilotaggio e chiaramente pur avendo un'idea generale di quello che avviene momento per momento, quando sussistono delle situazioni pesanti, anche noi abbiamo paura.

Il mio caso però, credo sia un po' particolare: quando ho messo piede per la prima volta su un aeroplano nel 1986, diretto a New York, ricordo che fu molto emozionante, ed ebbi paura, sia sul volo di andata, che su quello di ritorno. Anzi, per tutto il soggiorno di due mesi, il mio pensiero ricorrente, era che per tornare a casa, avrei dovuto affrontare nuovamente quell'esperienza. Ma non volli dar peso a ciò che avevo provato e non dissi nulla al riguardo, anzi, quando tornai dai miei e a scuola, lo raccontai come un'esperienza incredibile, sicuramente da provare. Mascherai le mie paure con l'entusiasmo, sempre seguendo la regola stupida che non è da "uomini" avere questo genere di paure.

Nel 1990 ero alla disperata ricerca di un lavoro e mi ricordo che feci molte domande in giro, per i lavori più disparati; un giorno, leggendo il giornale, scorsi un annuncio di una compagnia aerea specializzata nei charter, con base a Milano, che ricercava assistenti di volo. Spedii la domanda per partecipare alle selezioni e successivamente venni assunto. Il corso che feci, mi addentrò in tutte le peculiarità dell'aereo e dell'ambiente aeronautico; uno degli argomenti affrontati durante il tirocinio, era ovviamente quello degli incidenti. Venivano mostrate immagini di aerei dopo uno schianto, oppure ricostruzioni verosimili di disastri; devo dire, che è un momento del corso nel quale, sono sicuro, a quasi tutti i partecipanti deve essere balenato, almeno per un momento, lo stesso pensiero: "Ma non sarebbe meglio trovare un'altra professione?". Chi fa questo mestiere però, lo ha scelto per passione e quindi se anche per un istante davanti a quei filmati, può aver pensato di cambiare lavoro, l'attimo successivo si sente onorato e felice di lavorare sugli aerei. Io al contrario, quelle immagini, le conservo costantemente nella mia testa e sono un ottimo stimolante per il mio livello di attenzione a bordo.

Non ho avuto mai la passione degli aerei, né il desiderio irrefrenabile di lavorarci sopra. Avevo anche una certa dose di paura e, sembra incredibile dirlo, ho sempre sofferto di.. vertigini! Per fortuna sull'aereo non ho la percezione dell'altezza e anche guardando fuori dall'oblò non mi provoca nessun disturbo, forse perché si ha quasi la sensazione di guardare un plastico. Le mie passioni, sin da bambino, erano il mare e le barche, che però ho visto solo nelle mie brevi vacanze estive; purtroppo la necessità di lavorare che si ha quando si è giovani, è stata più forte della paura di volare. Per fortuna, anche se in venti anni di questa professione, sono successi episodi di relativo pericolo, devo dire che ho superato qualsiasi timore e ora sono piuttosto tranquillo. Anzi dirò meglio: visto che esistono persone che hanno svolto la mia professione per trent'anni senza che succedesse mai nulla, per quanto mi riguarda, statisticamente, sono molto tranquillo!

Come mi sono comportato nelle situazioni di pericolo? Ovviamente, essendo abituato a tutto ciò che è "normale" per chi lavora all'interno di un aereo, quali turbolenze, venti, atterraggi pesanti e rumori strani, vengo impressionato solo da contesti oggettivamente più complicati, ma non nascondo che anche a me è capitato di avere paura. Visto che ciò non è avvenuto costantemente, ma solo a periodi, credo che ciò sia dipeso anche da altri fattori, esterni al mio lavoro, dipendenti dalla mia situazione emotiva.

C'è un fattore che dal 1994 in poi mi ha sempre destato preoccupazione: l'imponderabilità degli eventi. Mi spiego meglio: il primo luglio del 1994 ero diretto a Tel Aviv. A un'ora dall'arrivo, mentre ero intento al servizio di vendite a bordo, riceviamo dal comandante una chiamata nel nostro interfonico di bordo; la nostra Compagnia aveva ricevuto un avviso "circostanziato" di bomba a bordo, ossia una telefonata anonima che specificava il numero del volo, la data e l'ora precisa dell'evento. Il comandante ci chiedeva di ricercare qualsiasi pacco sospetto, senza avvisare i passeggeri, per non spaventarli; ci informava inoltre che avremmo iniziato subito la discesa verso l'aeroporto di Larnaca (Cipro). Non trovammo nulla e per fortuna dopo una mezz'oretta eravamo a terra e abbiamo effettuato un'evacuazione rapida dell'aereo tramite scale.

Questo per me è l'imponderabile: qualcosa che accade non per fattori legati al volo, ma per la volontà criminale di un pazzo. Quali sono state le mie reazioni in quell'occasione? Come ho ricevuto la notizia, ho sentito un pugno allo stomaco. Mi sono subito prodigato per ricercare l'ordigno in ogni anfratto dell'aereo, mentre la mia tensione, stranamente, pur rimanendo alta, si stabilizzava. Quando il comandante ha fatto l'annuncio finale che saremmo atterrati a Larnaca, a poche centinaia di metri da terra la mia tensione è cominciata ad aumentare in maniera esponenziale perché dentro di me pensavo che poteva essere una bomba collegata alla nostra quota e che quindi poteva scoppiare appena ci fossimo abbassati di livello; quando toccammo il suolo, nonostante non fossimo ancora fuori pericolo, provai un certo sollievo. I passeggeri, che avevano assistito alla nostra ricerca spasmodica dell'ordigno avevano intuito qualcosa, ma erano rimasti abbastanza tranquilli. Quando però il comandante dette l'ordine d'evacuazione, e noi cominciammo a sollecitare vivamente l'abbandono dell'aereo, furono presi dal panico: nonostante ci fossero due pullman ad attenderli nelle vicinanze del nostro parcheggio, scapparono tutti per la campagna attorno alla pista.

Il timore dell'imponderabile, ovviamente, è aumentato dopo gli eventi dell'11 settembre 2001 e a tutt'oggi, dopo undici anni ancora non diminuisce. Questa paura per ciò che non può essere preventivato, mi ha causato in passato delle vere e proprie crisi d'ansia che potevano colpirmi in qualsiasi fase del volo, con palpitazioni, mani sudate e senso di pericolo imminente; è stata dura da mascherare e da superare. Adesso per fortuna tutto ciò è passato e ho ritrovato la serenità giusta per poter svolgere la mia professione senza problemi.

Facendo un piccolo sondaggio fra i miei colleghi, è venuto fuori che più si va avanti con l'età, più aumentano le preoccupazioni, specialmente fra gli assistenti di volo con famiglia e figli. Questo denota quanto le nostre preoccupazioni siano legate profondamente alla vita che conduciamo e allo stato mentale nel quale ci troviamo, al momento di essere messi sotto pressione (i famosi fattori intrinseci ed estrinseci). Con l'età diminuisce la propensione ad esporsi al rischio, come per qualsiasi altra attività umana; a maggior ragione, si ha la tendenza a escludere (anche mentalmente) la possibilità del rischio per se stessi in funzione di coloro che dipendono da noi.

Come si può superare la paura di volare?

Premesso che alcune paure sono difficili da cancellare, nonostante tutti gli sforzi della logica, che comunque può aiutare a razionalizzare le nostre ansie, si può dire che esistono alcune vie percorribili. Oltre ai corsi già citati che introducono le persone all'ambiente aeronautico, ci sono comportamenti che si possono assumere una volta che si decide di affrontare l'esperienza del volo. Innanzitutto viaggiare in compagnia, soprattutto di persone che abbiano già una certa pratica in viaggi aerei. Poi è importante lasciarsi andare alle attività di bordo, quale la visione di un film, ascoltare musica e consumare il pasto offerto dalla Compagnia. Chiedere eventualmente aiuto al personale di cabina, facendolo partecipe dei problemi che abbiamo. Evitare di sedersi accanto a persone terrorizzate o persone irrequiete, chiassose e invadenti.

Quando tutte queste attività non fossero d'aiuto o non potessero essere intraprese per la paura che attanaglia l'animo, conviene prendere un tranquillante che possa dare sonnolenza. Ai passeggeri che hanno paura, generalmente consiglio di guardare il volto degli assistenti di volo: se dovessero presentare una faccia preoccupata, allora può essere il caso di preoccuparsi, altrimenti conviene farsi forza e cercare di trovare un po' di tranquillità.

La paura della solitudine

Molti individui, più che della morte, hanno paura della vecchiaia e della solitudine (generalmente esiste sempre questo binomio), anche se questo stato d'animo prescinde dall'età, ma soprattutto dal fatto che ci si trovi in compagnia o meno. Si può essere soli anche tra migliaia di persone.

Sono fortemente propenso a definire la solitudine come uno stato mentale generato spesso dalla depressione e viceversa. Chi si sente solo, ha un vuoto nell'anima incolmabile.

Per quale motivo nella vecchiaia si cade molto spesso in depressione? Ci sono diversi aspetti da considerare quando si vuole rispondere a questa domanda: gli anziani hanno visto la loro vita scorrere ed hanno assistito al lento declino del loro fisico e all'appiattimento dell'esistenza; inoltre molte persone amate durante la vita o che si sono frequentate in passato, probabilmente non esistono più. La società certamente non contribuisce a migliorare questa condizione di apparente negatività. I vecchi spesso sono considerati un peso, una noia, un problema, non una risorsa importante. Le persone anziane oltre a rappresentare la memoria vivente della nostra storia e delle nostre famiglie, sono un bagaglio umano a cui la società dovrebbe fare riferimento. La loro esperienza non viene vista come una risorsa importante, ma viene lasciata alla deriva. Questo, a mio avviso, è uno degli errori più grossolani che l'Umanità possa commettere. Quando una persona si deprime, si isola dagli altri e viene a sua volta isolata, perché noiosa, pesante, triste. Questa purtroppo è anche la causa della solitudine degli anziani.

Tornando alla paura della solitudine, si può dire che tutti coloro che hanno questo problema, hanno in realtà paura di affrontare se stessi e il proprio tempo. Pochi individui riescono a vivere da soli in completa soddisfazione, cioè auspicando il proprio isolamento sociale. L'Uomo, tendenzialmente, ama la vita in comunità e questo, tranne qualche eccezione, vale per tutti.

Ma chi è che generalmente ha paura della solitudine? Come ho già detto, nessuna età è esente da questa angoscia. Molti giovani temono di essere emarginati dai loro coetanei, specialmente quando subentrano differenze sociali. Ecco allora che iniziano a formarsi dei gruppi, che raccolgono al loro interno persone alla ricerca di rapporti umani.

La solitudine colpisce sempre quando volge al termine un periodo della nostra vita, che sia esso legato alla scuola, al lavoro, alla vita in famiglia, al rapporto di coppia. Quando vengono a mancare le situazioni quotidiane a cui la nostra persona si è abituata, probabilmente si forma la consapevolezza che si è rimasti da soli con se stessi e si ha paura. Ma paura di cosa? Si ha paura dell'isolamento, della mancanza di parole, di affetto, di mancanza di attività, ma soprattutto di confronto. Si fa fatica a far scorrere il tempo quando si ha la certezza che esso ha preso il sopravvento sulle nostre vite. Non sentiamo più di essere importanti per qualcuno, forse anche indispensabili, e sembra che il mondo non abbia più bisogno di noi. Questo, ripeto, avviene in ogni età della vita. Quello che più spaventa della solitudine, è che arriva all'improvviso, senza nessun avvertimento. Persone che fino al giorno prima erano contornate di attenzioni, affetti, amicizie e interessi, tutto ad un tratto si ritrovano completamente sole. Immediatamente la vita cambia colore; quando ciò avviene, si cerca dapprima di riguadagnare ciò che si aveva, creando nuovi interessi, nuove conoscenze, nuovi stili di vita. Ma non sempre si riesce in questa operazione di recupero e molti finiscono in quella morsa che tanto si temeva.

A differenza degli altri tipi di paure, quella della solitudine colpisce sia prima di soffrirne che dopo, una volta entrati in questo stato mentale. Mi spiego meglio: la solitudine spaventa sia come prospettiva futura, sia quando già ci si sente isolati. Molte persone coscientemente si circondano di futili amicizie con la speranza che un giorno non rimarranno mai soli, proprio perché dentro di loro hanno questo timore recondito. Ma è una vana illusione, perché come ho già spiegato, la solitudine è più uno stato mentale, che uno stato sociale vero e proprio. Per assurdo, sono proprio le persone psicologicamente autonome a soffrire di meno di questa paura. Chi è abituato a stare da solo, e ha fatto questa scelta di vita perché sta bene con se stesso e i propri interessi, avrà sicuramente meno probabilità di soffrire un giorno di solitudine (ma ciò non si può affermare sicuramente per la depressione, che colpisce chiunque e sta sempre dietro l'angolo). La prospettiva di rimanere solo, può condizionare le scelte esistenziali: ad esempio molti si sposano in tarda età per cercare di arginare questa problematica esistenziale.

Quando si è arrivati a vivere in solitudine, si prende coscienza di questo stato precario nel quale si vive, e si ha paura di viverlo. Sembra un gioco di parole, ma in realtà questo è quello che avviene; quando siamo forzati a vivere in un modo a noi poco consono, viviamo male e temiamo che si venga risucchiati in una specie di vortice. Chi è solo, rimane sempre più solo, e senza un valido aiuto, cade inevitabilmente in un vortice di auto allontanamento dal mondo.

Scrivendo su questo argomento, devo dire che per me è stato un momento poco piacevole, perché ho rivissuto mentalmente taluni stati d'animo provati in passato, quando per ragioni diverse, ho provato anche io un po' di solitudine. La sensazione è quella che ho descritto, e che sicuramente verrà fatta propria da tutti coloro che anche solo per brevi momenti l'abbiano vissuta. Vivere pensando di poter essere esclusi dal mondo o allontanati perché non più al passo con i tempi è inammissibile e intollerabile e una società moderna, a mio avviso, dovrebbe impedirlo con ogni mezzo.

La paura di Dio

La nostra esistenza è un qualcosa d'inspiegabile, che per molti versi e secondo molte persone ha del prodigioso, del miracoloso. Questa coscienza di esistere e di trovarci nell'Universo senza una plausibile spiegazione, ha alimentato sin dall'alba dell'Uomo, l'idea che "un'Entità Superiore" sia intervenuta nel processo degli eventi e ci abbia creato, forse a Sua immagine e somiglianza, per "godere" della Sua opera o per avere qualcuno che potesse contemplare e apprezzare tutto ciò che Lui ha creato.

Sin dagli albori della civiltà, in qualsiasi religione, in ogni epoca e ovunque nel mondo, l'Uomo ha sempre ritenuto che la "Divinità" intervenisse nelle vicende umane ponendo un giudizio insindacabile sull'operato umano; questo giudizio, in passato, comportava premi o punizioni per le persone sia durante la vita terrena, che nell'aldilà; per questo motivo gli esseri umani hanno sempre cercato d'ingraziarsi le varie divinità facendo sacrifici di varia natura pregando e agendo in modo da non suscitare la collera degli Dei. Non si sfidavano mai gli Dei, e gli eventi negativi che potevano occorrere nella vita, venivano imputati a comportamenti che avevano suscitato la loro collera.

Tornando all'epoca moderna, le varie religioni mondiali non solo descrivono l'opera di Dio, fornendo da un punto di vista teologico le risposte a tutti i quesiti esistenziali, ma dettano le regole per una giusta convivenza nell'ambito della società civile. La natura umana, necessita di avere sempre obiettivi da raggiungere e prospettive per il futuro, in qualsiasi ambito; proprio per questo motivo, la maggior parte degli individui non accetta l'idea della vita come un'esperienza limitata nel tempo, senza nessun significato trascendentale. E' una situazione "strana" da assimilare secondo logica, quella per cui miliardi di molecole si ritrovano agglomerate per puro caso in un involucro,

102

il corpo, che ha coscienza di esistere, pensa, crea, critica distrugge, ama, soffre, sogna: una bellissima o bruttissima illusione dove tutto è effimero e insignificante ed è il risultato dell'elaborazione del nostro cervello.

La religione oltre a tentare di dare un significato alla vita, dà all'Uomo una ragione di vivere, di lottare, di sacrificarsi, di sperare. Cerca di essere la risposta alle sue domande.

Questo piccolo preambolo sulla religione e su Dio e sulle prerogative umane, è necessario per poter evidenziare quali sono state le necessità che hanno sviluppato la nostra natura teologica.

La religione però, non dà solamente e semplicemente consigli su come vivere giustamente, ma fornisce dogmi e obblighi, i dettami, a cui l'Uomo deve necessariamente attenersi per rispettare la volontà di Dio. Nelle persone particolarmente sensibili, a tutti coloro che hanno problemi psichici, manie di persecuzione e fobie religiose (teofobie), e che ovviamente possiedono un proprio credo religioso, in particolari situazioni emotive possono sviluppare la paura di Dio: il soggetto in preda a questo tipo di paura, si sente giudicato in qualsiasi azione che compie nel quotidiano vivere, anche le più semplici, come parlare, lavarsi, guardarsi allo specchio, mangiare o fare acquisti. Non è semplicemente paura di peccare, ma è vivere con l'autoconvinzione che i gesti compiuti siano sempre osservati e giudicati. In realtà, è la coscienza delle persone che impone una revisione dei comportamenti e degli atteggiamenti. Chi giudica non è Dio, ma il Super Io insito nell'Uomo, che combatte le aspirazioni, i desideri, il vivere sereno. Il Super Io combatte in definitiva la ricerca e la realizzazione della felicità.

Da cosa nasce questa coscienza distorta, questa lotta interiore che a lungo andare tende a limitare, se non a inibire totalmente alcuni comportamenti naturali? Abbiamo visto che affinché si estrinsechi questo tipo di paura, devono sussistere almeno due condizioni: un credo religioso, una personalità predisposta; a ciò bisogna aggiungere sicuramente uno shock emotivo. Lo shock emotivo viene percepito in questi soggetti, non come un avvenimento qualsiasi nell'ambito della vita, ma come una punizione mandata da Dio per un comportamento sbagliato o per essere andato contro i dettami del credo. Avviene quindi una sorte di ermeneutica personale, di interpretazione dei segni divini attraverso fatti avversi occorsi nella propria esperienza di vita. La mente associa "la punizione" al comportamento, modificando in seguito a ciò le abitudini, gli stili di vita, le parole, i fatti. Quando l'anima è prostrata da un dispiacere, ricerca secondo criteri logici le cause del proprio dolore. Ma la logica è appannata dal dispiacere e il dolore non viene metabolizzato. A questo punto bisogna prendere in esame la spiritualità del soggetto, senza dare per scontato che solamente colui che crede in Dio possa attribuire un evento negativo ad una punizione "caduta dall'alto". Molte persone infatti, proprio perché non hanno fede, possono associare una tragedia ad una "punizione celeste" derivante dalla propria miscredenza, andando incontro ad una conversione proprio a seguito di una disgrazia, convincendosi dunque che la punizione è stata causata proprio dalla miscredenza.

Chi ha paura di Dio pone quasi sempre le stesse domande: "Perché Signore, proprio a me? Cosa ti ho fatto di male?". Se le persone subiscono un lutto, vengono colpite da una malattia, o si perde un grande amore (molto assimilabile ad un lutto), perdendo la lucidità, arrivano a pensare che un dispiacere simile sia dovuto a una punizione divina, dovuta probabilmente a un comportamento sbagliato, a parole o pensieri malvagi, addirittura a situazioni vissute in un passato lontano nel tempo. Quasi una legge del contrappasso dettata dalla propria coscienza.

La paura di Dio è il timore delle eventuali punizioni comminate per sbagli o peccati commessi nella vita, ma è anche paura della "potenza"di Dio; l'Uomo, confrontandosi con l'Universo, vede la propria vita miseramente, umilmente, e si sente fragile perso nello Spazio e nel Tempo infinito. Dio rappresenta il totale, l'essenziale, il tutto, nel quale la sua anima un giorno si fonderà o si perderà. Naturalmente ciò che viene percepito come immenso è impressionante, e il timore reverenziale verso una presenza così importante che permea ogni cosa compreso noi stessi, pone il problema di vivere giustamente sapendo che un giorno si potrà essere giudicati in base a come si è condotta l'esistenza, soprattutto quando si ha la consapevolezza che ciò avverrà non in base al proprio metro, ma in base alla giustizia divina, ben al di sopra delle nostre vicissitudini e del nostro metro di giudizio.

Facendo un breve riassunto sulle condizioni e sulle cause che determinano la paura di Dio:

1) Se il soggetto è credente, il suo credo lo condiziona nella vita di tutti i giorni; sentendosi "osservato" ha timore che quello che fa possa essere giudicato. Inoltre vede dei segnali celesti in tutto quello che gli capita di negativo, dovuti ad un suo erroneo comportamento.

2) Se il soggetto soffre di turbe comportamentali, probabilmente dovute ad uno shock emotivo, il suo Super Io predomina i suoi comportamenti che vengono censurati e giudicati da lui stesso attraverso la voce della coscienza, avvertita come "voce di Dio".

Facendo sempre riferimento ai credenti (e ai convertiti dell'ultima ora), ci sono degli avvenimenti nel corso della vita che lasciano dei turbamenti nell'animo: allucinazioni, coincidenze, stati alterati della coscienza, uso di droghe; questi avvenimenti possono creare delle immagini distorte nella mente o che vengono comunque mal interpretate, o sopravvalutate, riconducendo la spiegazione di ogni negatività ad un segnale venuto "dall'alto", un monito di Dio da tenere presente e quindi da temere.

La paura del diavolo

Per parlare della paura del diavolo, bisogna prima fare un preambolo su cosa rappresenta questa figura.

Nella concezione comune, il Diavolo è la personificazione del Male. Se nella vita si concepisce il Bene, Dio, la positività, il Paradiso, deve per forza essere concepito anche il suo esatto contrario: la negatività, il Male, il Diavolo, l'Inferno.

Se la paura di Dio deriva dal timore che un "Essere Supremo" giudichi i nostri comportamenti e ci infligga delle punizioni, la paura del Diavolo è ben altra cosa.

La paura del Diavolo consta di due aspetti differenti: il primo (paura diretta) è rappresentato dalla paura del Diavolo come entità soprannaturale il cui obbiettivo è quello d'impossessarsi della nostra anima, tentandoci con peccati di ogni genere. La seconda (paura indiretta), scaturisce nell'affrontare determinate situazioni o persone che abbiano a che fare con l'occulto, il paranormale o la magia nera; è la paura di compromettere la nostra anima e quindi di destinarla al Diavolo (o all'Inferno) per colpa di frequentazioni pericolose, comportamenti, parole o colpe. Il Diavolo rappresenta la meritata "punizione" e l'inferno è di conseguenza l'eterno castigo.

Nella paura del Diavolo, l'Uomo si trova a fronteggiare direttamente il Male e ha paura della sua potenza, della sua ambiguità, del suo potere persuasivo, della sua malvagità; ha paura della sua ipotetica capacità di camuffarsi in persone o in desideri sfrenati, ingannando gli esseri umani trascinandoli verso la perdizione.

Sin dall'antichità l'Uomo ha classificato tutti gli eventi a cui non poteva dare una spiegazione logica e plausibile, come miracoli o malefici. I miracoli, data la loro natura positiva venivano e vengono imputati ad interventi o a segni divini inviati per agevolare, aiutare, prevenire o salvare gli esseri umani e le loro vicende terrene. Tutto ciò che invece era ed è visto negativamente (sia per dati oggettivi che per convenienze e opportunismi) veniva attribuito al Diavolo, al maligno o alle stregonerie. La stregoneria e la magia nera appunto, sono sempre state classificate come opere derivanti da patti scellerati di uomini e donne con il Diavolo: adepti del male che operavano affinché l'essere umano potesse venir manipolato, usato e plagiato per il trionfo definitivo del male sulla Terra. In questo caso quindi, si può affermare che esiste la paura di venir coinvolti in situazioni che potrebbero condurci verso la via del male, di entrare quindi indirettamente a contatto con il Male.

Esistono molti modi per descrivere la figura del Diavolo e anche il cinema si è occupato con molteplici film di rappresentare la sua figura. Storicamente il Diavolo è stato sempre rappresentato come una figura orribile, un essere immondo dotato di corna, coda, piedi che terminano in zoccoli, ecc. Altre volte è stato dipinto come un essere soprannaturale di aspetto attraente, che nasconde dietro questo charme, inganno e malvagità.

E' forse questo suo duplice aspetto e la capacità di camuffarsi sotto molteplici sembianze a impaurire di più: le persone che temono il Diavolo, credono che dietro ogni situazione che ha risvolti peccaminosi possa nascondersi il suo "zampino". Così il sesso, il cibo, la ricchezza, la bella vita, in realtà sarebbero tentazioni continue a cui viene sottoposto l'Uomo per sottrarlo alla benevolenza di Dio, e non solo aspetti della vita.

Analizzando il fenomeno, bisogna comunque considerare che persone con particolari problemi, vengono talmente influenzate, o si auto convincono riguardo certi argomenti, che il loro modo di giudicare la realtà viene completamente distorto, riuscendo a vedere il Maligno anche laddove non sussistano gli elementi riconducibili ad esso. Ecco allora che un volto angelico di una ragazza può celare il Diavolo. Anche Elvis Presley cantò una canzone dal titolo "Devil in disguise" (1963), il cui testo descriveva ironicamente una ragazza la cui parlata, camminata e movenza sembrasse di un angelo, mentre invece era un diavolo travestito.

Tutto ciò che procura piacere all'Uomo viene visto come peccaminoso, lussurioso, opera del Diavolo: il sesso, il vino, la musica rock, la ricchezza, il cibo ecc. Tutti espedienti e tentazioni per portare verso la via del Male.

La paura di perdere il lavoro

Nel mondo in questo periodo viviamo grosse incertezze dovute ad una recessione economica che ha interessato gran parte dei paesi industrializzati dell'occidente.

Questo momento di grande incertezza economica, naturalmente è riflesso sulla società o meglio sul nucleo essenziale della società, ossia la famiglia e sui singoli individui.

Ogni giorno migliaia d'imprese falliscono o dichiarano uno stato di difficoltà. Tutto ciò ha portato al licenziamento o alla messa in cassa integrazione di moltitudini di lavoratori.

La paura di perdere il lavoro, nasce appunto da una consapevolezza di precarietà dovuta ad una crisi della società sempre più profonda. Questa però non è l'unica causa a cui si deve questa forma di ansia. La precarietà del lavoro è anche dovuta ad un abbassamento delle tutele garantiste che una volta assicuravano il posto di lavoro. Oltretutto il proliferare di lavori con contratti atipici e molto spesso con contratti capestro ha notevolmente ridotto le sicurezze dei lavoratori.

Questa premessa sulla precarietà (ben nota purtroppo a molte persone) è necessaria per poter analizzare i sentimenti che derivano da questo tipo di paura.

Chi teme per il proprio lavoro, si trova in una situazione di perdita delle certezze (proprie e della propria famiglia). Si entra quasi in un incubo e si prova uno stato d'impotenza dovuto alla mancanza di determinazione delle proprie sorti. Gli altri, ossia il datore di lavoro, il titolare dell'impresa e gli eventuali sindacati decidono dell'occupazione del singolo lavoratore, ma soprattutto della sua vita. Per quanto uno si sforzi di essere diligente, puntuale, onesto, e solerte sul posto di lavoro, il proprio futuro rimane precario, appeso ad un filo. Il corso degli eventi, imposto dall'economia d'esercizio determinerà la serenità o la disperazione del lavoratore.

Come dipendente ho provato anche questo tipo di paura nel 2009, quando la società per cui lavoro è fallita e il mio futuro lavorativo (insieme a quello di altre 24000 persone) tutto ad un tratto è diventato molto più che incerto. Nella mia esperienza personale, posso dire che ho provato una sensazione di fallimento personale, nonostante non avessi nessuna colpa e nessun ruolo di responsabilità nella situazione creatasi. E questa sensazione è ciò che il lavoratore generalmente avverte in questo tipo di situazioni: un fallimento personale.

Si prova un senso di frustrazione, sapendo che coloro che stanno vicino ti vedono come un "poveraccio", e la commiserazione e la pietà degli altri non fanno altro che alimentare la vergogna e l'imbarazzo di chi sta per diventare disoccupato (e lo avverte come un problema).

La notte non si dorme e il nervosismo genera bulimia o l'inverso, totale inappetenza. Non ci sono ancora le due reazioni classiche dovute alla disoccupazione: apatia o iperattività, ma il nostro comportamento e la nostra emotività sono totalmente instabili. Possono altresì svilupparsi patologie di ogni genere, quali ulcere allo stomaco, eczemi, herpes zoster, tachicardie, perdita dei capelli, finanche a turbe psichiche, manie di persecuzione. Sono noti perfino gesti estremi, eclatanti, rivolti verso se stessi, ma anche stragi sul posto di lavoro o verso ignari innocenti.

Purtroppo anche se la situazione lavorativa viene risolta in positivo, possono generarsi forme di ansia ed esaurimento nervoso che si protraggono nel tempo e l'insicurezza che ha fatto parte della nostra vita in via transitoria, rimane latente dentro l'anima, come se si perdesse comunque la certezza di una stabilità economica e sociale in maniera definitiva.

Tra gli innumerevoli film che hanno toccato questo tema ne ho scelti tre, secondo me emblematici: il primo è "Prigioniero della seconda strada" di Neil Simon girato da Melvin Frank (1975) con un magistrale Jack Lemmon e una superba Anne Bancroft; il secondo è "Giorni e Nuvole" di Silvio Soldini (2008) con Antonio Albanese e Margherita Buy e il terzo "Un giorno di ordinaria follia" di Joel Shumacher (1993) con Michael Douglas, Barbara Hershey e Robert Duvall. Sia nel primo che nel secondo film citati, si vedono chiaramente i vari stadi emozionali: dal timore di perdere il lavoro e quindi di tutte le certezze acquisite, fino alla disperazione e alle conseguenze emotive e sociali che ciò comporta. Nel "Giorno di ordinaria follia" invece si assiste a ciò che può avvenire nella mente di una persona che si sente esclusa dal contesto lavorativo e che cerca una vendetta personale contro tutti gli abusi e le prepotenze che si è costretti a subire quotidianamente; il grado di esasperazione e di profondo disagio trasmesso dall'interpretazione di Michael Douglas, ci fa capire cosa c'è alla base di tanti gesti assurdi che si leggono molto spesso sui giornali, con persone disperate che si recano sul posto di lavoro massacrando colleghi, gente innocente e alle volte anche bambini, per vendicarsi della vita. Il mio pensiero personale riguardo a ciò che sta avvenendo nella realtà lavorativa mondiale è che la mancanza di certezze e la precarietà del lavoro, genera nelle persone una costante ansia, che può trasformarsi in patologia. Se da una parte il posto fisso è diventato sinonimo di scarsa professionalità, scarsa qualità del servizio, assenteismo e forse immobilismo economico, la mancanza di tutele lavorative genera problemi psicologici nei lavoratori ancora più drammatici, oltre ai noti problemi sociali derivanti proprio dalla precarietà, soprattutto nelle nuove generazioni.

La paura d'ingrassare

Tra le varie ansie derivanti dalla società moderna vi è la paura d'ingrassare. Questo fenomeno infatti è iniziato verso la fine degli anni '70 ed è andato via via crescendo fino ai giorni nostri. Nelle società passate prevalentemente rurali, le abitudini alimentari erano molto più sane rispetto ad oggi e le persone in sovrappeso, oltre ad essere un numero esiguo, vivevano la loro esistenza senza badare troppo alla forma fisica. Anzi, quelle troppo magre erano additate come persone poco abbienti o malaticce.

Nel periodo che va dagli inizi del '900 fino alla fine del secondo conflitto mondiale, il fenomeno della paura d'ingrassare era ancora di scarsa rilevanza ed anzi nei due dopoguerra c'era il problema opposto, ossia era difficile trovare persone che fossero grasse, proprio per la mancanza generale di cibo.

Con il boom degli anni Sessanta però, nei paesi industrializzati il benessere ha portato ad una alimentazione diversa, con molti più grassi, proteine e carboidrati rispetto al passato; l'apporto calorico giornaliero è cresciuto in maniera esponenziale, dovuto anche al fatto che si è passati da un'alimentazione basata su nutrienti naturali a un'alimentazione che comprende prodotti preconfezionati, merendine, e grassi di ogni genere. Oltre a questo la vita sedentaria dovuta a lavori di concetto e al proliferare di mezzi di locomozione di ogni tipo, ha causato il fenomeno dell'obesità dilagante all'interno della Società.

Nel frattempo, i mass media dal canto loro, hanno sempre di più rilanciato modelli di magrezza come simboli di bellezza e di affermazione.

La paura d'ingrassare riguarda sia uomini che donne, ed ha decretato il successo di diete di ogni genere: dalla dieta dissociata, alla "dieta a zona", alla dieta Dukan (dal nome del suo inventore), a quella delle tisane e a tante altre che portano il più delle volte ad una alimentazione sbagliata e a seri problemi di relazione psichica con il cibo.

Le persone che temono d'ingrassare hanno un rapporto sbagliato con ciò che mangiano: mangiare non è più un piacere e un'azione necessaria al benessere dell'individuo. Si mangia male, controvoglia, alle volte solo per costrizione, altre volte solo per mantenere il peso forma.

Quando nelle persone s'instaura questo tipo di paura, si guarda al cibo come un nemico da combattere attraverso intrugli e diavolerie di ogni genere: dalle barrette energetiche ipocaloriche, alle sfogliatelle di farro o alle gallette di riso. Poi ci sono i prodotti che hanno un contenuto altamente proteico e addirittura confezioni di albume d'uovo. L'industria alimentare ha messo in commercio prodotti specifici e pastiglie da usare come integratori alimentari, ma se gli alimenti venissero usati a dovere non si dovrebbe ricorrere a simili espedienti per avere un giusto peso. Insomma se qualcuno non ci avesse inculcato che "magro è bello", ma che l'unica cosa fondamentale è stare bene con se stessi e sentirsi in forma, questa paura riguarderebbe solo poche persone e solo per problemi strettamente connessi con la salute. Invece alla televisione, a cadenza periodica, ci ricordano che dopo i bagordi delle feste bisogna mettersi a dieta per perdere quei chili in più messi su nelle varie abbuffate. Poi a giugno c'è la famosa prova del costume che genera psicosi in quelle persone che si sono lasciate andare durante l'anno; poi c'è l'elezione di Miss Italia a ricordare che solo quelle magre ed alte possono ascendere al titolo.

La paura d'ingrassare porta anche ad avere un cattivo rapporto con lo sport: l'attività fisica non serve più a stare bene e a sentirsi in forma, ma serve solo a giustificare un'alimentazione eccessiva o a riportare il peso verso il basso, dopo un periodo di menefreghismo alimentare.

Chi ha paura d'ingrassare si vede grasso anche quando non lo è. Sentirsi brutti, non piacersi, non sentirsi a proprio agio né con se stessi né con gli altri, sono le tipiche sensazioni che rendono infelice la vita di queste persone.

La paura d'ingrassare può dare luogo ad estremismi alimentari che possono sfociare in anoressia o bulimia (con conseguente eliminazione del cibo ingurgitato attraverso l'autoprovocazione del vomito). Gli estremismi alimentare si attuano praticando periodi di digiuno alimentare che, a lungo andare, diventano sempre più lunghi e ravvicinati. Queste pratiche, sono associate purtroppo ad un convincimento che ciò che si sta compiendo sia sempre poco e che ogni sostanza ingerita provochi aumento di peso. Si inizia generalmente dividendo le razioni, contando le quantità di cibo presenti nel piatto, fin quando non si arriva a non sedersi più a tavola, evitando così che il pasto induca in tentazione. A lungo andare l'organismo cerca di adattarsi a questa situazione richiedendo sempre meno cibo, ma nutrendosi del corpo stesso, iniziando dapprima dalle parti grasse, passando poi alla parte muscolare, sfibrando letteralmente il fisico. Le persone colpite da anoressia, finiscono per essere alimentate attraverso flebo, ma il rifiuto del cibo alla lunga porta alla morte. Fenomeno analogo e altrettanto pericoloso è la bulimia, specie quell'azione che viene autoindotta per liberarsi del cibo che si è ingerito, in modo da non acquistare peso. Le persone che agiscono in questo modo, pensano che questa pratica abbia due vantaggi: soddisfare le necessità psichiche della fame, ossia la dipendenza dal cibo e, allo stesso tempo, liberarsi di ciò che può far aumentare di peso. Questo disturbo alimentare è pericolosissimo e può nascondere la strada dell'anoressia.
L'ex direttrice di una nota rivista di moda australiana, ha raccontato in un suo libro le torture a cui si sottopongono le modelle per paura di ingrassare e non essere così all'altezza della passerella: digiuni di settimane intere per poter affrontare le passerelle; alimentazione a base di fiocchi di cotone e succo d'arancia per poter contrastare i morsi della fame e sentirsi sazie. E poi ancora, uso di anfetamine, cocaina, diuretici e lassativi, tutte pratiche deleterie per l'organismo, che inducono all'anoressia.
Ultimamente, per fortuna, alcune case di moda si sono messe una mano sulla coscienza ed hanno cercato di promuovere le

loro collezioni attraverso modelle dotate di misure comuni, bandendo addirittura la mini-taglia dei vestiti, proprio per evitare che la gente comune (ma soprattutto i ragazzi) comincino ad emulare queste persone famose e adottino comportamenti e diete per assomigliare ai loro idoli.

La paura che provano i genitori

Questo genere di paura (meglio definita come ansia) si può provare, ma soprattutto capire, quando si hanno dei figli. Proprio per questo motivo, come padre, parlo sicuramente con cognizione di causa.

In passato, non sono mai stato particolarmente apprensivo, ma da quando è nata mia figlia, per tutta una serie di motivazioni che ora elencherò, alla fine ho assunto dei comportamenti e dei pensieri come fossero innati in me, ossia ho tirato fuori aspetti della mia personalità che non sapevo di avere, ma che anzi in passato ho fortemente stigmatizzato e condannato negli altri (soprattutto nel periodo in cui io stesso ero figlio!).

Il nostro carattere è composto da certezze e insicurezze, paure e dubbi, forza e coraggio che ci hanno aiutato nella nostra vita, salvaguardandoci dai pericoli e aumentando la nostra esperienza. L'esperienza di vita è proprio la sommatoria di fatti positivi e negativi che si sono presentati nell'arco della nostra esistenza e che hanno plasmato il nostro essere; essa serve a indirizzarci verso la strada giusta, attraverso la giusta calibratura dei nostri comportamenti, preservandoci dagli sbagli e dai pericoli (in linea teorica, visto che anche con l'esperienza possono essere commessi errori dovuti a molteplici motivi: insicurezza, superficialità, mancanza di ponderazione e lungimiranza, istintività, sottovalutazione degli eventi, stress e stanchezza, ecc). I bambini, i nostri figli, quando nascono sconvolgono le nostre abitudini e alterano gli equilibri emozionali che con tanta fatica abbiamo costruito sin dalla nostra nascita; allo stesso tempo però, vengono riversate su di loro tutte le nostre attenzioni, avvalendoci proprio, di tutta la nostra esperienza, al fine di proteggerli ed educarli.

I genitori ovviamente, consapevoli della fragilità fisica e caratteriale dei loro ragazzi e la limitata capacità d'individuazione dei pericoli, sviluppano un'ansia che, nella

116

giusta misura, è estremamente positiva, perché come ho già affermato, essa è uno dei nostri principali strumenti di percezione per l'elaborazione individuale della realtà e quindi considerabile come strumento di difesa. Attraverso questa traslazione di sensazioni e di esperienza, sui nostri "cuccioli" si estrinseca la nostra figura di genitori amorevoli e attenti. Possiamo quindi affermare che la giusta dose d'ansia è normalissima ed efficace per accudire e tirare su la nostra prole nel modo che riteniamo più sicuro. Da questo si evince che essendo l'ansia una sensazione soggettiva, il suo grado non è quantificabile e qualificabile: quello che può essere ansioso per noi, non è detto che lo sia per altri.

Qual è dunque la giusta misura d'ansia che deve essere presente affinché essa possa essere costruttiva e positiva e non rappresenti un fattore di limitazione permanente delle attività dei nostri figli? Ovviamente il buon senso è l'unico strumento che ci può venire in aiuto in questo caso.

Alle volte, bisogna dire, l'ansia è sostituita dalla caparbietà e dalla prevenzione (intesa come negazione di libertà o limitazione di essa) per puro spirito di contraddizione, per punizioni o ritorsioni, o per mancanza di adeguamento ai tempi correnti. Mi spiego meglio: se noi operiamo delle valutazioni basandoci sul nostro "vissuto" e quindi sulle esperienze condotte durante la nostra infanzia e giovinezza, rischiamo di non essere adeguati ai cambiamenti che ci sono stati nel corso delle generazioni. Ecco perché i genitori vengono spesso considerati "antichi" (nel gergo dei ragazzi) perché non riescono a capire i cambiamenti della società e soprattutto il cambiamento della mentalità fra una generazione e un'altra. Il "gap" generazionale alle volte viene sottovalutato e si continua a ragionare con un'esperienza di vita ormai datata e non al passo con i tempi. Negli ultimi decenni poi, le problematiche sociali inerenti il lavoro e conseguentemente l'affrancamento dei giovani dalla famiglia di origine, ha portato ad un innalzamento dell'età nella quale si decide di diventare genitori, che attualmente si attesta

117

intorno ai 30-35 anni e tutto ciò può aumentare il divario fra la nostra mentalità e quella dei nostri figli.

Per quanto riguarda la mia generazione (sono nato nel 1968), mi sento di affermare che i valori, i giochi, il modo di rapportarmi ai miei genitori e ai miei insegnanti e alla società stessa, sono completamente cambiati rispetto a quelli di mia figlia (nata nel 2002) e sicuramente la stessa cosa possono affermare i miei genitori, nati negli anni '40, se confrontano le loro esperienze con le mie.

La società attuale grazie all'evoluzione tecnologica è molto più aperta rispetto a quella di 30 anni fa. A mia figlia lo dico sempre scherzando: avevamo solo due canali televisivi in bianco e nero, che tra l'altro cambiavamo manualmente alzandoci dalla poltrona e premendo i pulsanti posti sotto lo schermo! Anche la radio non era così evoluta; solo verso l'inizio degli anni 70 si diffusero le prime radio private, che andarono ad affiancare la Rai e la famosa filodiffusione. Il mondo era più chiuso e limitato e le idee e le informazioni non circolavano così come al giorno d'oggi. Per la diffusione del computer e quindi di internet, bisognava aspettare ancora 25 anni. Solo dalla seconda metà degli anni 90 si sarebbe avuta una diffusione esponenziale della rete, con tutte le implicazioni che conosciamo. Negli anni 70 gli adolescenti vivevano in un ambiente chiuso e piuttosto limitato dal punto di vista della diffusione delle idee, mentre adesso anche un bambino nato in un isola sperduta del Pacifico riesce ad avere migliaia di amici con i quali può scambiare opinioni, esperienze, informazioni; può accendere la televisione e sapere cosa avviene dall'altro capo del mondo e può collegarsi ad internet e studiare, capire, conoscere. La differenza con la mia generazione c'è e si sente, sia nei discorsi che negli atteggiamenti: chi è che non ha provato quella sensazione di arretratezza culturale, quando si è cimentato ad insegnare qualcosa al proprio figlio, che non solo ne era già a conoscenza, ma la sapeva anche meglio di noi. Quella dei nostri giorni è una generazione tecnologica.

Se da un lato la televisione e internet hanno permesso una crescita culturale più veloce e più completa rispetto alle generazioni passate, questi due formidabili strumenti però rappresentano per i genitori moderni un'ulteriore fonte di ansia e di potenziale pericolo. Alla Tv molto spesso vengono mandati in onda programmi e film dai contenuti diseducativi e inadatti a un pubblico adolescenziale. Internet e i vari social network invece, possono convogliare l'attenzione dei più piccoli verso siti pericolosi e la frequentazione di persone che hanno un interesse pedopornografico o cercano amicizie fra i giovani per tendere trappole pericolosissime o per truffare i malcapitati. Facebook, rappresenta l'incubo di tanti genitori, che vedono in questo social network l'arma con cui aspiranti delinquenti s'infilano nelle case alla ricerca di potenziali vittime. Molto spesso capita che i genitori s'iscrivano anche loro insieme ai figli o sotto mentite spoglie, per cercare di controllare le loro corrispondenze e i loro contatti, al fine di evitare pericolose conoscenze. Tutto questo ovviamente è dettato dall'ansia e questi espedienti altro non servono che ad abbassare il livello di stress mentale.

A rigor di logica, quello che dovrebbe attenuare le nostre ansie riguardo la vita dei nostri figli, dovrebbe essere la fiducia che riponiamo in loro e che ci dovremmo sforzare a dare per aiutarli a crescere e responsabilizzarli; inoltre il lavoro di educatore dovrebbe avvenire nel tempo e costantemente informando i propri figli sui potenziali pericoli presenti nella rete; è un lavoro che sta a monte della loro esperienza. Il bravo genitore (sempre in teoria) dovrebbe consentire al proprio figlio/a sbagli che non mettano a repentaglio la sua sicurezza, e di avere solo piccole esperienze negative e piccole delusioni per poter sperimentare sulla propria pelle cosa significa sbagliare. Ma in questo proposito oltre ad essere fortunati, bisogna monitorare costantemente e soprattutto essere presenti (con discrezione) nella loro vita sociale.

Oltre ai pericoli di internet esistono altri rischi potenziali che mettono a repentaglio la sicurezza dei nostri ragazzi; uno su tutti è la droga.

La droga può essere presente nelle scuole ma anche all'interno delle comitive di ragazzi ma questo non ne fa di per sé un pericolo. Il pericolo vero è nella mentalità dei ragazzi. Anche quando io stesso andavo a scuola poteva esserci qualche compagno di classe che faceva uso di marijuana (le famose "canne") ma ciò non significava che io avessi bisogno o desiderassi farmi uno spinello. Per certe cose, sono convinto che bisogna possedere una mentalità predisposta e comunque la nostra educazione di base influisce sulle nostre scelte. Anche io ho voluto provare quale sensazioni si avessero fumando uno spinello, non lo nego, ma perché sapevo che la mia curiosità poteva essere soddisfatta senza il rischio di perdere vita o la possibilità di diventare dipendente; soprattutto anche se avessi trovato che le sensazioni offerte dallo spinello fossero entusiasmanti, non mi sarebbe interessato continuare con quella dipendenza per una mia forma mentis. Non avrei sicuramente provato l'eroina, il crack o l'LSD perché ero a conoscenza dei potenziali pericoli. A chi controbatte che il pericolo maggiore è la voglia di provare, perché può dar luogo a un piacere che vuole essere nuovamente soddisfatto, mi sento di rispondere quello che ho affermato prima: è l'educazione e il carattere che fanno la differenza. Con un mio amico dell'epoca, parlavamo di questi argomenti ed entrambi eravamo d'accordo sul fatto che le droghe a persone come noi non interessassero minimamente: i nostri interessi erano quelli "sani" degli adolescenti senza particolari problemi esistenziali: lo sport, le ragazze, la musica, gli amici. Con quello eravamo felici e ci sentivamo appagati; non avevamo bisogno di chissà quale emozione o sensazione per essere soddisfatti delle nostre esistenze, ma soprattutto non sentivamo la necessità di dimostrare di essere diversi, eccentrici o "strani" né agli altri né a noi stessi. In questo l'amicizia è fondamentale: essere circondati da buone amicizie aiuta a crescere in maniera sana lontano da eccessi o pericoli inutili. In questo non potrò che essere grato alla vita che mi ha fatto sempre incontrare le persone giuste (che comunque ho scelto io!).

120

La paura dei genitori che i propri figli cadano nella rete della droga, può essere mitigata dall'educazione e dalle attenzioni che essi possono dedicare ai loro ragazzi; questi ultimi non devono essere abbandonati nella loro crescita e la loro autonomia deve andare di pari passo con la responsabilizzazione e la coscienza dei pericoli che la società gli prospetta.

Le sigarette e l'alcol insieme alla droga, sono anch'essi tutti potenziali pericoli, sia per i ragazzi che per gli adulti, ma vengono sottovalutati. Alcool e fumo vengono gestiti dallo Stato (sono a tutt'oggi monopoli su cui si guadagna enormemente) e pur provocando la morte di migliaia di persone ogni anno per svariati motivi (comprese le stragi del Sabato sera che avvengono sulle strade) vengono sminuiti e tollerati. La droga essendo definita "a monte" illegale viene più temuta e combattuta. Le sigarette e l'alcool dovrebbero essere temute al pari della droga; purtroppo però provocano un inquinamento del fisico lento (ma inesorabile) e quindi non osservabile nell'immediato. L'ipocrisia della nostra Società è sotto gli occhi di tutti: vengono vietate sostanze come la marijuana e i derivati oppiacei che in taluni casi hanno veri e propri effetti terapeutici (vengono somministrati perfino negli ospedali), mentre sostanze quali tabacco e alcool che provocano tumori e cirrosi sono acquistabili ovunque, compresi nei supermercati.

La paura della violenza perpetrata su bambini e bambine angoscia molti genitori. Quando poi i ragazzi cominciano a crescere e quindi a sentire la necessità di essere più autonomi e di affrancarsi sempre di più dalla supervisione dei genitori, la paura aumenta in quanto si comincia a percepire quella sensazione di perdita del controllo su tutto ciò che concerne la sicurezza dei ragazzi. Le classiche domande sono: chi frequenta adesso? Dove va? Con quale mezzo ci va? A che ora tornerà? Quando inizia il periodo dell'emancipazione aumentano le preoccupazioni. Io credo che l'importante in queste situazioni è avere un rapporto schietto, chiaro e sincero con i nostri ragazzi e saper comprendere quando esistono pericoli effettivi e non solo potenziali e se questi sono in un qualche modo gestibili.

121

D'altronde è anche vero che ogni giorno i mass media riportano le cronache di fatti spiacevoli di cui sono protagonisti gli adolescenti, che non fanno altro che alimentare quell'ansia naturale che scaturisce dal senso di protezione dei genitori responsabili.

Le cattive amicizie sono purtroppo un altro fattore di stress per i "poveri" genitori. Quando nella vita dei nostri ragazzi compaiono figure che hanno pensieri e comportamenti negativi, i genitori oltre al fatto di soffrire del fatto di non essere più la loro figura di riferimento, temono che quanto hanno insegnato di buono venga vanificato e messo da parte per far posto a nuovi stili di vita e a comportamenti discutibili. I figli non ci appartengono, è vero, ed è normale che si scelgano chi frequentare e chi seguire come esempio. Saranno loro che con il libero arbitrio sceglieranno le loro amicizie; come genitori si può fare poco, se non un lavoro di educazione e di formazione che in un qualche modo li dovrebbe aiutare a saper valutare le persone che verranno prese come nuovi punti di riferimento e che affiancheranno i genitori, loro malgrado, nella fase della crescita e per tutta la vita a seguire.

Ogni genitore ha delle proprie paure, che ovviamente cambiano e si trasformano di pari passo con l'età dei figli. Durante l'infanzia ogni situazione o oggetto può essere un potenziale pericolo: le biglie possono essere ingoiate, così come i bocconi troppo grandi (o anche olive e ciliegie) o le bevande andate di traverso possano soffocare. Il bambino si può arrampicare sulle ringhiere e cadere, oppure toccare apparecchi elettrici con le mani bagnate. Nei supermercati i bambini si possono perdere o possono essere rapiti da malintenzionati. Se attraversano la strada possono essere investiti dalle auto (ho sempre avuto paura di quest'evento, forse perché in passato è successo proprio a me d'investire un bambino scappato dalle mani della madre - per fortuna senza conseguenze - e rifletto su mia figlia questo shock). Altri genitori hanno paura che i loro figli bevano detersivi o DTT; altri che cadano dalle scale o addirittura dal letto. Ci sono genitori che hanno il terrore che i loro figli possano ammalarsi perché mangiano con le mani sporche o possano contrarre malattie perché frequentano la scuola. Ci sono quelli che hanno il terrore del mare e hanno paura se il bambino/a si tuffa. Insomma i pericoli sono dappertutto, ma in realtà i pericoli si trovano nella nostra testa: siamo noi che elaboriamo l'ambiente in cui viviamo e in base alla nostra esperienza, alla nostra cultura, e al nostro sesto senso, individuiamo i potenziali pericoli e li riflettiamo sui nostri pargoli. Una prevenzione giusta elimina il "grosso" del pericolo, anche se sappiamo benissimo che non possiamo assicurare totalmente l'incolumità dei nostri ragazzi, così come non è stato possibile per noi.

Oltre all'incolumità fisica, quello che preoccupa i genitori è l'incolumità psichica. Molti di loro temono che i propri figli possano soffrire per svariati motivi: i traumi psichici vengono determinati da situazioni spiacevoli a cui andiamo incontro nel corso della vita: dai traumi dell'esperienza scolastica, a quelli dei primi amori, e quindi alle pene d'amore, agli shock dovuti alle separazioni o a traumi dovuti a lutti (persino per la morte di animali domestici). Ovviamente tutte queste situazioni non si possono arginare perché fanno parte della vita e si presentano senza nessun avviso; l'unica cosa che possono fare i genitori per affrontare i dispiaceri a cui andranno incontro i loro figli è quello di dare loro stessi un esempio di "solidità" caratteriale affrontando le situazioni con maturità e con la giusta sensibilità, che non vuol dire non essere dispiaciuti o non piangere, ma non lasciarsi travolgere dalle emozioni, non trascendere nel dolore. E stargli vicino con discrezione.

La paura di noi stessi

Sembra incredibile ma un numero elevato di persone ha paura della propria personalità. Cosa c'è alla base di questa paura?
Fondamentalmente chi è pazzo o ha qualche squilibrio mentale, non si rende conto della sua patologia e quindi, di conseguenza, non ha paura di se stesso. Chi soffre di disturbi della personalità o ha problemi di "bipolarismo" non si accorge nemmeno di questo status mentale e quando si rivolge ad uno psicoterapeuta, è perché ha degli eccessi che gli causano dei problemi.
Avere paura di se stessi implica una presa di coscienza delle potenzialità pericolose della propria personalità. Si effettuano quindi, delle riflessioni sul proprio modo di vivere e di agire e se ne traggono delle conclusioni.
Chi ha paura della propria personalità, riconosce che esiste una parte del proprio Io che può andare fuori controllo o che lo è già, e ne teme le azioni. Quindi si può affermare che avere paura di se stessi vuol dire temere di perdere il controllo sulle proprie azioni. Farò degli esempi.
Sovente capita che le persone quando vengono colte dall'ira, cadano in eccessi violenti, che procurano terrore a chi li circonda e molto spesso passino dalla violenza verbale alla violenza fisica. Quando queste persone si lasciano andare a questi eccessi, non è che non si rendono conto di quello che fanno, ma le azioni prescindono dalla propria volontà: perdono il controllo. Quando però finisce la "tempesta", ossia ritornano alla calma, queste persone (purtroppo non tutte) si rendono conto di ciò che hanno detto e fatto e si biasimano.
La presa di coscienza delle proprie potenzialità pericolose, possono scaturire in una paura di perdere il controllo. Questa post analisi viene effettuata molto spesso dalle persone affette da questo tipo di paura, proprio perché consce di possedere una personalità non gestibile con l'autocontrollo; avere paura di se stessi, significa temere che il nostro comportamento oltre a

danneggiarci possa rovinare il rapporto con quelli che si relazionano con noi; certamente non significa compiacersi delle proprie azioni. Chi è malvagio, sovente, si crogiola della propria personalità, quasi facendo un'autocelebrazione del proprio Io come forma di appagamento e soddisfazione per ciò che si compie. Si diventa eroi di se stessi.

Chi ha paura del proprio Io invece, mostra la fragilità o meglio la debolezza del proprio carattere che non riesce a tenere sotto controllo i propri istinti. C'è un contrasto quindi tra le azioni (o i sentimenti che si provano) che vengono ritenute negative (ma solo dopo averle compiute) e ciò che realmente si vorrebbe essere (o fare).

Si può avere paura di se stessi in amore; ad esempio possono avere questo problema coloro che s'innamorano facilmente, superficialmente e frequentemente e che inevitabilmente vanno incontro a delusioni affettive.

Sì può avere paura di se stessi nel sesso; in questo caso le pulsioni sono irrefrenabili e danno luogo a comportamenti sbagliati che sfociano addirittura in degenerazioni, violenze e comportamenti ossessivi compulsivi.

Anche nelle relazioni con gli altri le persone hanno timore che la propria personalità latente possa venire fuori all'improvviso o inavvertitamente provocando contrasti, attriti o anche allontanamenti.

Come si comporta chi viene colto da questa paura?

In genere si tenta in tutti i modi di non ricadere in sbagli e in situazioni che hanno portato alla perdita del controllo, ma non sempre questo sforzo porta a risultati definitivi. Il nostro carattere, attraverso l'autocritica, viene modificato molto lentamente nel tempo ma non sempre completamente. Solo lo shock determina un cambiamento radicale dei propri comportamenti e in maniera definitiva. Purtroppo però, quando ciò avviene, vuol dire che è accaduto qualcosa di tragico o di terribile che ha messo a dura prova sia noi stessi che coloro che ci circondano.

La paura di parlare. La paura degli altri

La paura di parlare nasce dalla mancanza di sicurezza nelle proprie possibilità e anche da una timidezza caratteriale che si sviluppa nel tempo e alle volte portiamo dentro sin dall'infanzia. Vi sarà capitato di osservare dei bambini che vengono definiti timidi o meglio "introversi" e che se vengono interpellati, a malapena riescono a dire il loro nome; generalmente questi bambini si rifugiano tra le gambe dei genitori e guardano il loro interlocutore con aria assente, come se le parole fossero pronunciate in un'altra lingua o addirittura fossero stati minacciati. Chiaramente non tutti i bambini introversi da grandi manterranno questo atteggiamento. Molti di loro, con la maturità, acquisteranno fiducia in loro stessi e la dialettica necessaria a instaurare rapporti normali con le persone che li circondano.

Ma avviene anche, che alcune persone non superino il "tabù" di affrontare un discorso con chicchessia o peggio ancora in pubblico.

Che cosa avviene e che cosa succede quando si manifesta questo tipo di paura? Confrontarsi con gli altri, esprimere un punto di vista, un'opinione o anche semplicemente leggere in pubblico un discorso, può mettere a dura prova l'emotività delle persone. Si avverte un blocco psicologico, come se la lingua fosse completamente disconnessa e non riceva gl'impulsi che arrivano dalla mente. Molto di più rispetto ai balbuzienti, chi soffre di paura di parlare ha un impedimento psicologico, che impedisce inesorabilmente di esprimersi. Questo avviene perché queste persone sentono che, attraverso un discorso, si manifesta la propria intimità, il proprio carattere, la propria educazione e in ultimo le proprie idee; succede spesso anche quando si legge pubblicamente qualcosa scritto da altri: le idee espresse indirettamente, sembrano uscire dalla mente di chi le legge in quel momento, facendo insorgere un blocco difficile da superare.

A scuola, è frequente che i ragazzi, pur avendo studiato perfettamente e conoscendo a menadito gli argomenti richiesti, quando vengono interrogati fanno la cosiddetta "scena muta", ossia non rispondono a nessuna domanda. Ma questo tipo di situazione si può ripetere anche più avanti nella vita, per esempio ad un colloquio di lavoro, oppure al momento di dichiarare i propri sentimenti nei confronti di un'altra persona. Le parole sono tutte nella testa, e girano vorticosamente come se, per la foga di venir fuori, le sillabe non riuscissero a trovare la strada giusta. Capita anche che per la paura di parlare si dicano sciocchezze, parole senza senso, o sorgano forme di dislessia

Il meccanismo che scatta quando avviene il "blocco", è un meccanismo di difesa. Viene messo in atto dal nostro cervello, perché vuole tutelare il nostro Io, il nostro amor proprio, preservandoci da ipotetiche brutte figure, un po' come avviene per la paura di sbagliare.

Un modo per superare questo blocco psicologico, o almeno per tentare di aggirarlo, è quello di immaginare che davanti a noi non vi sia realmente chi dovrebbe esserci, ma uno specchio che riflette la nostra immagine. Tante persone, in questo senso, si allenano a parlare proprio davanti allo specchio, in modo che la concentrazione si focalizzi non più sull'immagine ma piuttosto su quello che dovrebbe uscire dalla bocca. Insomma, bisogna distrarre il cervello in modo che la sua difesa venga aggirata.

La paura di parlare è associata alla paura degli altri, proprio perché questo fenomeno avviene quando le persone si relazionano. Come si può avere paura dei nostri simili? Cosa c'è alla base di questo sentimento?

La paura degli altri non dipende certamente dal fatto che gli altri sono pericolosi o che necessariamente si è subìto uno shock inflitto dal mondo esterno che ha segnato il corso regolare della vita. E' chiaro che chi ha patito un trauma relazionale, può modificare le sue attitudini verso gli altri e quindi alzare barriere di difesa a scopo "precauzionale", onde evitare il ripetersi dell'evento negativo. La diffidenza verso gli altri (e la

127

conseguente paura), nasce però da una visione negativa della Società che successivamente porta ad una chiusura parziale o totale dei rapporti con coloro che ci circondano. Addirittura questo sentimento può sfociare in fobia, con un'estremizzazione della negatività, e un totale isolamento con il mondo esterno (antropofobia, afefofobia, agorafobia). Esiste un metodo per vincere la paura degli altri? Oltre a rispondere banalmente che occorre un aiuto di un terapeuta per un lento reinserimento nella società civile, occorre dire che coloro che hanno paura degli altri, molto spesso non vogliono essere aiutati; il loro "status" solitario li porta a pensare che non è una patologia e che in linea di massima loro sono più saggi degli altri. La loro saggezza riguarderebbe il fatto che, dal loro punto di vista, il mondo è pericoloso, le persone molto spesso deludono, e che il prossimo è sempre pronto a fregarti. Stare lontani dagli altri è la soluzione: non instaurare rapporti intimi o di amicizia con le persone li salvaguarderebbe da inutili sofferenze, dispiaceri ed esperienze negative. Insomma, non si rammaricano del fatto di essere soli, perché si consolano pensando agli scampati pericoli. Queste persone, in effetti, non sono del tutto sole: si circondano di un numero molto limitato di "fidati", rappresentato più che altro da parenti molto stretti e amici di una vita.

La paura del matrimonio e di avere figli

Il discorso che vado ad introdurre, non vuol esprimere un giudizio sui sentimenti delle persone o sui comportamenti. Lungi da me! Ognuno deve sentirsi libero di attuare le proprie decisioni e tutti gli stili di vita che più gli aggradano. Basta essere felici. Vorrei semplicemente parlare di ciò che si prova quando si ha paura del matrimonio.

La paura del matrimonio equivale alla paura della perdita di libertà in concomitanza al rifiuto di assumere responsabilità e impegni definitivi.

Questa paura colpisce sia i single che coloro che si apprestano a convolare a nozze.

I single vivono la loro libertà pienamente, senza dover rendere conto a nessuno del loro modo di vivere e come conseguenza di ciò rifuggono mentalmente dal matrimonio come se fosse una malattia. In realtà molte persone benché siano fidanzate, sono "single nell'animo", ossia vivono la vita in funzione di se stessi, senza programmi, senza condivisioni, senza partecipazione. Il loro "stare in coppia" equivale a comparsate temporanee che servono a vivere alla giornata, dividendo con il loro partner solo "l'oggi", il presente. E non è questione di egoismo, assolutamente: anche pretendere dal partner che si pensi al matrimonio e si facciano programmi potrebbe essere egoismo; quando si forza qualcuno a operare scelte che fanno piacere solo a noi, o comunque che non soddisfano pienamente le esigenze di entrambi, ci può essere egoismo. Vorrei sottolineare anche un altro aspetto: avere paura del matrimonio non significa non amare l'altra persona, ma indica solo uno stato mentale di ansia, determinato dal voler vivere la vita rispettando obiettivamente le proprie esigenze. D'altronde quello che conta nella vita è solo il sentimento, non la dimostrazione pubblica del sentimento. Il consenso della Società riguardo al nostro stile di vita e al nostro status, è secondario rispetto all'amore.

Coloro che invece hanno intenzione di sposarsi, nell'attesa dell'evento possono avvertire quella paura di compiere un passo così importante, che generalmente separa l'età della giovinezza (o meglio della spensieratezza) dall'età adulta. Questo vale sia per gli uomini che per le donne, anche se il sesso maschile è quello più toccato da questo problema. In questo caso, le persone oltre a paventare la perdita di libertà, temono che con il matrimonio ci possa essere un appiattimento dei sentimenti e della vita sessuale; la quotidianità è senz'altro un grosso spauracchio, ma come tale deve essere preso. Sia la quotidianità che l'appiattimento sentimentale e sessuale dipendono solo da noi e non dal matrimonio. L'unione di due persone si fonda sui sentimenti, sulla reciproca attrazione e sulla condivisione, anche parziale, di idee, interessi, cultura e modi di vivere. Questi sono gli ingredienti della coppia, con o senza matrimonio. Sta a noi apportare sempre nuova linfa alla nostra unione sentimentale. Se essa è vista solo come un continuo sacrificio, un immortalarsi perenne in nome del conformismo sociale, allora il problema non è nel matrimonio, ma nel rapportarsi al proprio partner e alla società stessa. Insomma, quello che intendo dire è che l'unione fra due persone (anche dello stesso sesso) è ciò che conta ed è essenziale, anche se non sotto lo stesso tetto; vivere insieme poi, nasce dall'esigenza naturale di condivisione del tempo e dello spazio con la persona amata, ma non è obbligatorio né tantomeno essenziale ai fini della definizione del sentimento.

Cosa si prova quando si ha paura del matrimonio? Molti lo descrivono come un senso di soffocamento e di costrizione, che può portare anche a conseguenze fisiche, quali aumento della pressione, aritmie e palpitazioni, insonnia, mancanza di appetito o bulimia, nevrosi, cefalee, gastriti e reflussi, ansie e depressioni, finanche a manie di persecuzione, allucinazioni, e frequente distorsione della realtà.

Quello che generalmente accade, oltre allo sviluppo di patologie legate ad uno stato emotivo alterato, è una reazione comportamentale tendente alla liberazione dal senso di oppressione che però è un'arma a doppio taglio: si organizzano uscite con gli amici, viaggi in solitaria, ci si butta nel lavoro, si organizzano feste e alle volte si cambia partner in cerca di una soluzione che sia meno impegnativa e meno stressante. Come dicevo, però, tutto questo crea solo confusione e inganno. Se amiamo una persona, non possiamo distrarci dal nostro sentimento; il nostro tentativo di aggirare l'ostacolo cercando soluzioni diverse, crea solo un'illusione temporanea. Finito il divertimento, veniamo ricondotti alle nostre problematiche inesorabilmente. Buttarci nella mondanità e nei divertimenti non fa altro che aumentare quel senso di nostalgia verso uno stile di vita che vorremmo mantenere per sempre, ma che ormai, forse, non ci appartiene più: la spensieratezza giovanile. Quello che però le persone dovrebbero capire, è che, levata l'esclusività affettiva che comporta un'unione e che prescinde dal fidanzamento, dalla convivenza o dal matrimonio, il divertimento e la felicità dovrebbero essere una costante nella vita di coppia e un'ulteriore fattore di condivisione con la persona amata, che si ricercherà o si dovrà ricercare anche dopo le nozze.

Nel matrimonio, così come nell'unione di fatto, si può presentare un altro problema che crea forti attriti all'interno della coppia: la paura di avere figli. Esistono diversi aspetti concernenti questo tipo di paura: la paura dell'inadeguatezza delle persone; la paura di assunzione delle responsabilità, la paura della perdita di un modo di vivere spensierato (i cosiddetti fidanzatini perenni), la paura di avere incombenze, la paura del dolore del parto per le donne, il timore di mettere al mondo bambini con malformazioni o Down e non ultimo la paura del "collante", rappresentato dalla genitorialità.

I bambini sono un aspetto molto importante della famiglia (sia classica che non) e sono a mio avviso il vero e unico passo importante che si compie nella vita (secondo me, parlando da genitore, anche il più bello). Molte persone, proprio perché è una svolta importante, ne sono atterrite.

Devo dire, anche per esperienza personale, che il sentimento d'inadeguatezza è molto diffuso fra chi diventa genitore per la prima volta: accudire un essere così delicato, essere bravi genitori non è facile, anzi, credo che il mestiere del genitore sia quello più difficile al mondo. Ma è un qualcosa di naturale, d'innato, che tutti noi, chi più chi meno, ha insito dalla nascita. Tutti sbagliano, e tutti sono bravi (parlo ovviamente dei genitori "normali" tralasciando quelli degeneri), nessuno è perfetto. Il genitore modello non esiste, così come non esiste il figlio modello. Anche sulla base di questa affermazione, si può dire che non tutti i figli sono scocciature ma, come si dice, solo quelli degli altri lo sono!

Coloro che hanno paura di assumersi le responsabilità, in realtà soffrono di una mancanza di autostima e di pessimismo nei confronti della società e degli altri esseri umani: si ha paura di mettere al mondo delle creature che avranno un futuro incerto in un mondo sempre più inquinato, caotico, e violento. Oltretutto non avendo certezze personali, si hanno dubbi su ciò che si potrà realmente offrire ai propri figli.

Quelli che hanno paura di perdere lo status di "fidanzatini perenni", devono sapere che il tempo libero, si può ottenere, anzi si deve ottenere soprattutto mentalmente, basta volerlo. Ma i genitori schiavi dei propri figli lo sono perché lo vogliono. Nessun figlio riesce a schiavizzare i genitori solo con la sua volontà: sono i genitori che glielo permettono. Ci sono famiglie con bambini piccoli, che viaggiano, fanno sport, escono, hanno hobbies. Magari si rimanda quello che i più piccini non possono fare, ma è solo una situazione transitoria, non certo definitiva.

Non trascurabile è la paura di soffrire delle donne. Purtroppo si sa: anche se la gestazione è un periodo indimenticabile per la maggior parte delle donne, il parto non è sicuramente un momento piacevole. Ma se la Natura ha previsto questo tipo di "sacrificio", la Scienza dal canto suo è venuta incontro alla sofferenza della donna, offrendo farmaci e tecniche di parto, che hanno alleviato un po' di sofferenza; inoltre la medicina, attraverso esami di ogni tipo e sempre più avanzati, ha contribuito all'incremento delle nascite di bambini sani, riducendo al tempo stesso sia il rischio di mortalità infantile che la mortalità delle donne dovuta al parto. Non dimentichiamo che in epoche passate, per le scarse condizioni igieniche, avvenivano molti decessi causati da infezioni contratte da strumenti e luoghi non asettici.

Riguardo la paura del "collante" rappresentato dalla nascita di bambini, questa paura nasce in realtà dalla mancanza di fiducia nel nostro partner e dalla mancanza di prospettive del rapporto stesso. Quello che si teme, in realtà è la paura di legarsi ad una persona per tutta la vita, molto di più che con il matrimonio; infatti due persone, volenti o nolenti, rimangono legate attraverso i figli anche dopo la separazione e quindi la rottura dei rapporti di coppia. Anche se due persone non dovessero più vedersi o sentirsi per il resto della vita, esse saranno sempre legate da questo trait d'union rappresentato dai figli.

Ultimo sentimento d'ansia che riguarda i futuri genitori, sono le scocciature causate dai pargoli. Bisogna tenere presente, che in linea di massima solo i bambini degli altri danno fastidio (almeno così si dice sempre) e che se anche i nostri dovessero dare problemi, generalmente la nostra pazienza aumenta proporzionalmente al senso di responsabilità che abbiamo riguardo alle nostre creature. Comunque il rischio c'è, inutile negarlo. Chi si è fatto trascinare dall'entusiasmo della natalità ma senza una vera convinzione, può nel tempo sviluppare un rifiuto per tutto ciò che concerne il neonato: il pianto, il cambio dei pannolini, i versi, gli strilli, i capricci, i giochi, le poppate; si può persino arrivare al rifiuto del proprio partner visto (anzi distorto) non più come tale, ma come genitore. Perde, se vogliamo, quell'appeal attrattivo, che ha come conseguenza il calo o la perdita totale del desiderio sessuale. Queste sono paure che minano le basi del rapporto sia per quanto riguarda le famiglie classiche che le unioni di fatto, senza nessuna differenza.

La paura degli animali

Una delle paure che colpisce più frequentemente gli esseri umani è quella degli animali. Il motivo principale sta nel fatto che alcuni di essi possono essere letali per l'uomo o quantomeno essere pericolosi. Questa paura può trasformarsi anche in fobia (vedere il capitolo sulle fobie).

Facendo un elenco degli animali pericolosi possiamo fare delle distinzioni: animali pericolosi in quanto si cibano di esseri umani: i grandi felini (leoni, tigri, giaguari, leopardi, puma ecc.), le iene, i lupi, gli orsi, i coccodrilli, gli squali. Altri animali sono pericolosi in quanto velenosi: serpenti, ragni, vespe, meduse. Tanti animali invece, vengono temuti per le loro caratteristiche fisiche e per il loro carattere non proprio mansueto: gli elefanti, i tori, le balene, i rinoceronti, gli ippopotami, gli scimpanzé e i gorilla sono solo alcuni esempi di potenziali pericoli, non per il fatto che si cibano di noi, ma per il fatto che temendo l'uomo lo attaccano come un nemico.

Ci sono animali che vengono temuti in quanto possono portare malattie, e quindi sono vettori di potenziali pericoli, quali ad esempio i topi, gli scarafaggi, le zecche.

I cani, pur facendo parte ormai da millenni della nostra società, vengono ugualmente temuti da molte persone, questo per il fatto che non tutti i canidi sono mansueti e che molti di loro possono mordere e perfino uccidere, specialmente se si trovano di guardia, oppure in branco o sono randagi. Anche i gatti però possono essere temuti, magari da chi in passato è stato graffiato. Anche per i cani e i gatti si possono sviluppare delle fobie (cinofobia e ailurofobia); infatti queste paure, non si associano e si limitano al solo contatto con il pericolo reale, ossia l'essere minacciati o attaccati dall'animale temuto, ma s'instaura una vera e propria "persecuzione mentale" che ha come oggetto l'animale. Esso è fatto oggetto d'incubi, e frequentemente si ha la sensazione che ovunque si vada possa essere incontrato. Si va in campagna per un pic-nic? Probabilmente ci saranno serpenti in agguato, vespe o topi pronti ad attaccare e a rovinare la festa. Si va in casa di amici che detengono un cane? La bestia ci starà aspettando per poterci mordere. Si va al mare per fare un bagno? Dal profondo imperscrutabile possono arrivare branchi di squali pronti a divorarci.

Queste fobie, il più delle volte, sono paure infondate, esagerazioni, che il nostro animo tira fuori per manifestare uno stato d'ansia dovuto ad un senso d'insicurezza. Proprio chi si sente insicuro teme gli animali quando non esiste un pericolo imminente: voglio dire che, se si sta nuotando e vediamo una pinna di squalo bianco dirigersi verso di noi, naturalmente avremo paura, e ciò è plausibile; se ci troviamo faccia a faccia con un leone o con un elefante che ci carica, verosimilmente avremo paura, perché in quel momento temiamo per la nostra incolumità. Ma se un animale non è aggressivo o pericoloso, e magari non ci ha degnato nemmeno di uno sguardo, e noi diamo ugualmente in escandescenze, vuol dire che esiste qualcosa di diverso nella nostra testa, differente dalla semplice paura. Tra l'altro bisogna anche tener conto che le nostre reazioni possono influenzare il comportamento degli animali che temiamo: se un cane potenzialmente pericoloso, dovesse vedere qualcuno che comincia a scappare al suo cospetto, si provocherebbe la sua reazione "selvaggia" d'inseguire la preda, ossia di correre dietro alla sua vittima così come fanno i lupi. Di fronte ad un pericolo, alle volte la miglior tattica è l'immobilismo. Gli squali, ad esempio, riescono a captare le scariche di adrenalina e nervose delle persone in preda al panico.

La paura per gli animali può essere vinta? Per esperienza personale (ebbene sì, anche questa!) alcuni tipi di paure possono essere razionalizzate, fin quando ovviamente non si è in reale pericolo. Personalmente ho sempre temuto api, vespe e calabroni e in generale tutto ciò che è piccolo, tipo gli insetti, i ragni. Lentamente, nel corso degli anni ho cercato di avvicinarmi di più a questo tipo di animali, cercando di studiarli da vicino evitando di lasciarmi trasportare dalla mia paura.

Adesso sono arrivato al punto che li temo e la loro presenza m'innervosisce, ma non ne sono terrorizzato.

Quindi un metodo per vincere questo tipo di paura, è quello di avvicinarsi gradualmente a ciò che temiamo, in modo che la nostra psiche abbia i suoi tempi per metabolizzare la concretezza dello stato di pericolo. Così possiamo tentare un approccio con i cani, cercando di farci aiutare da coloro che li posseggono. Oppure per quanto riguarda la paura degli squali, possiamo effettuare un corso d'immersione per cercare di avvicinarci di più al mondo sommerso.

Ovviamente ci sono alcuni tipi di paure che non passeranno mai, perché sono strettamente collegate alla nostra sopravvivenza e quindi scatenano inevitabilmente reazioni incontrollabili.

La paura di perdere la libertà. Lo stalking

La libertà ha sempre rappresentato un valore assoluto per l'Uomo; si sono scritti milioni di libri su quest'argomento. La politica e la religione si fondano sull'affermazione del principio che ogni Uomo deve essere libero per poter affermare le proprie idee, le proprie individualità e il proprio credo. E' naturale quindi che la paura di perdere la libertà sia un sentimento che accomuna moltissime persone.

Per un italiano, parlare di questa paura può sembrare strano, perché nel nostro Paese la gente si sente libera e amministrata democraticamente; ma anche noi, come vedremo, temiamo di perdere la nostra autonomia e dobbiamo combattere quotidianamente affinché questo principio universale non venga calpestato. Questo è dimostrato anche dai nostri politici durante le campagne elettorali, che parlando di libertà trovano un argomento sempre valido. Non dobbiamo dimenticare che questo status è stato conquistato dopo secoli di dominio esercitato da altri Paesi e raggiunto con molta difficoltà dopo lunghe e sanguinose battaglie.

Cosa significa perdere la libertà? Nelle dittature e nei regimi coercitivi, significa innanzitutto perdere ogni diritto di autonomia decisionale che caratterizza chiunque nel quotidiano. Quello che si decide o si crede di aver deciso, è avvenuto semplicemente perché qualcun altro, che detiene in quel momento il potere, ha permesso che ciò avvenisse.

Si può perdere la libertà anche con finte democrazie, nelle quali il potere dei singoli cittadini è fortemente ridotto e lo Stato, attraverso una legislatura vessante, esercita il suo potere non per il bene comune ma per gli interessi di chi detiene il potere stesso o per l'interesse di pochi.

Ma si può perdere la libertà anche essendo liberi. Si può essere schiavizzati anche dal lavoro, dalla famiglia, dagli impegni, e da tutti quei meccanismi che limitano la nostra volontà anche senza accorgercene. Si perde la libertà quando i vizi riescono a predominare nella nostra vita e ci condizionano nelle scelte quotidiane. Si perde la libertà anche nella malattia, proprio perché la vita è condizionata e si devono assecondare le necessità della propria salute.

Si possono quindi fare delle distinzioni sulla perdita della libertà: si può perdere a causa di fattori esterni indipendenti dalla volontà degli individui, quali dittature, mezzi coercitivi, ma anche malattie. Mentre si può perdere la libertà volontariamente a causa delle nostre scelte di vita o a causa di vizi a cui l'Uomo si sottopone incessantemente: droghe, alcool, fumo, gioco, ma anche famiglia, lavoro, carriera, impegni. Tutto ciò che determina perdita volontaria di libertà, non arreca paura, in quanto le persone sentono che possono riacquistare la loro indipendenza (anche se questo non è detto che avvenga veramente) grazie alla forza di volontà.

La paura di perdere la libertà si manifesta in modi diversi a seconda quindi delle cause che potrebbero determinare questa eventualità. Per quanto riguarda l'instaurarsi di dittature (anche quelle mascherate da finta democrazia) si teme fortemente di perdere la libertà di espressione e di opinione; oltre a questo, visto che durante qualsiasi dittatura viene soppressa la libertà d'informazione, i singoli individui temono di dover vivere una realtà edulcorata e fittizia, nella quale i fatti avversi al regime vengono costantemente censurati. Anche per quanto riguarda il lavoro, si teme fortemente che chi non è in linea con chi detiene il potere, possa essere inserito in una sorta di "black list" di persone potenzialmente pericolose e di conseguenza perdere la propria attività o il proprio impiego.

Un'altra paura che si avverte durante una dittatura, è quella di essere segnalato da possibili delatori, che pur di entrare nelle grazie di chi detiene il potere, non si fanno scrupolo d'inventare fatti o comportamenti eversivi.

Nelle dittature più feroci, le persone hanno paura di perdere tutto: la famiglia, la casa, i beni, persino l'onore, la dignità, la privacy, l'intimità, nonché la vita stessa.

Per ciò che concerne invece i mezzi coercitivi, quindi parliamo di carcere, si può dire che è legata a tre fattori: la paura di essere emarginato dal mondo, la paura di convivere con persone pericolose, la paura determinata dalla percezione del tempo. Si teme quindi l'allontanamento dai propri interessi e i propri affetti, associato alla paura di dividere i propri spazi con estranei che possono minare persino la sopravvivenza e, in ultimo, si ha paura dello scorrere lento del tempo, dell'impatto mentale che si ha con la nuova realtà. Ovviamente, chi è agli arresti domiciliari ha meno paure, soprattutto per quello che riguarda gli spazi da condividere.

Della paura di perdere la libertà dovuta all'instaurarsi di uno stato patologico, ho già parlato nel capitolo riguardante la paura delle malattie. Ribadisco solo, che anche in questo caso si tratta della paura delle limitazioni e della paura da dipendenza (le persone inabili dipendono molto spesso dagli altri e dallo Stato per svolgere le proprie attività).

Esiste un'altra situazione che comporta la perdita di libertà ed è causa di paura in ogni sua forma e grado (dal timore al terrore): la paura causata dallo stalking. Questo termine inglese sta ad indicare tutta una serie di comportamenti che vengono messi in atto da un individuo (uomo o donna) per vessare un'altra persona fino ad opprimerla (psicologicamente o anche fisicamente).

Lo stalking, o sindrome del molestatore assillante, è una condotta che in Italia è perseguibile penalmente (art. 612-bis c.p). Le vittime dello stalking, subiscono tutta una serie di azioni indesiderate quali lettere, sms, posta elettronica, telefonate, messaggi, pedinamenti, ma anche atti vandalici sui loro beni, scritte su muri, dispetti, fino ad arrivare alle minacce, e a violenza fisica, che sovente sfocia nell'omicidio.

Molti casi riguardano anche persone dello spettacolo, che ricevono questo tipo di attenzioni da parte di qualcuno dei loro fans che, superando il livello d'entusiasmo o d'interesse "normale", finisco per idolatrare la loro vittima trattandola come se fosse una persona familiare o un partner vero e proprio, a cui possono rivolgere sentimenti reali quali amore e gelosia e al quale si sentono in diritto di avanzare richieste, fino ad arrivare ad una vera ossessione (in questo caso è un tarlo psichico diverso dalla paura).

Oltre alle persone dello spettacolo o ai personaggi pubblici, lo stalking colpisce frequentemente la gente comune. Lo stalker quindi, può essere un estraneo del tutto sconosciuto alla sua vittima, ma molto spesso si tratta di una persona all'interno della cerchia delle conoscenze, quali colleghi, amici o ex partner, che agiscono per ottenere attenzioni e sesso, oppure per vendicarsi di qualche torto subito o perché intendono recuperare un rapporto ormai finito, soprattutto quando vi è stato un rifiuto non metabolizzato, razionalizzato, ma soprattutto accettato.

Gli stalker sono individui apparentemente sani, senza disturbi mentali evidenti, anche se alcuni di loro hanno sdoppiamenti della personalità e perdita della realtà. Le loro azioni, suscitano paura ed angoscia in quanto sono sistematicamente moleste e invasive della privacy; esse determinano uno stato di "guardia" perenne, come se la vittima si sentisse braccata nell'intimità. La paura finisce per condizionare la vita di tutti i giorni: si cambiano le proprie abitudini, il proprio stile di vita, ma anche la residenza, i contatti su internet e i numeri telefonici.

La paura del nuovo e dell'ignoto: misoneismo

Una delle differenze principali fra l'Uomo e gli animali è stata da sempre la capacità di adattamento, ossia l'abilità di conformare l'ambiente alle proprie esigenze, e di evolversi culturalmente. In ogni epoca l'essere umano ha dovuto affrontare dei cambiamenti non solo per sopravvivere, ma anche per imporsi sulla Natura, sugli altri animali e per competere nella società da lui stesso creata. Si può affermare che l'intelligenza, accompagnata dalla capacità di adattamento e alla competizione, è stata l'arma vincente per affermarsi come specie dominante sul nostro pianeta.

Benché l'evoluzione culturale sia stata la componente fondamentale del successo, essa ha comportato un sacrificio virtuale, ma tangibile, dell'individualità a favore della globalità; i singoli individui hanno dovuto adeguarsi ai cambiamenti evolutivi imposti dalla massa per non trovarsi arretrati e quindi emarginati nella società. Tutto ciò naturalmente ha implicato uno sforzo mentale notevole, specialmente in epoca moderna; infatti proprio nell'ultimo secolo si sono avuti dei cambiamenti radicali dovuti allo sviluppo tecnologico che ha trasformato completamente la società, lo stile di vita delle persone e soprattutto la mentalità. Se pensiamo ad esempio all'elettricità, ai mezzi di trasporto, all'informatica, ci rendiamo conto che il mondo è completamente cambiato rispetto ai nostri avi. Così, la percezione della realtà di mia figlia è sicuramente più ampia di quella che potevo avere io alla sua età. Oggigiorno i ragazzi, già dall'età di 4 anni, maneggiano tablets, telefonini, telecomandi, in modo disinvolto. La loro mente tecnologica è già in grado di metabolizzare i cambiamenti, rispetto a quella della mia generazione che ha dovuto prendere dimestichezza un po' alla volta con quanto di nuovo la società offriva.

Questo discorso introduttivo, è servito semplicemente per introdurre una paura molto comune: la paura del nuovo e dell'ignoto o misoneismo. Per quale motivo si ha paura del nuovo? Come al solito le ansie umane derivano molto spesso dalla perdita delle certezze e delle sicurezze; queste, in genere, sono rappresentate da tutto ciò che ci è familiare e noto. La paura del nuovo nasce da un'insicurezza insita nel nostro animo, accompagnata da altre emozioni, quali la paura di non riuscire e il senso d'inadeguatezza. "Chi lascia la strada vecchia per quella nuova, sa quel che lascia ma non sa quel che trova" è un vecchio proverbio che ci fa capire che questo è un antico problema. La capacità di adattarsi viene messa a dura prova ogni volta che si prospetta una situazione nuova, o un evento inaspettato. Questo spiega e rende comprensibile ogni sentimento che in genere avvertiamo quando stiamo per imbarcarci in un'impresa, o in un nuovo lavoro, oppure quando acquistiamo un oggetto tecnologico che presenta notevoli differenze o innovazioni rispetto a ciò a cui eravamo abituati. Siamo fondamentalmente legati a tutto ciò che ci può far sentire a nostro agio e che non mette alla prova le nostre capacità. Si può dire che avviene una lotta interna fra la capacità, la volontà o magari la necessità di evolversi e la voglia di sentirsi sicuri, abili, al riparo da pericoli, e ovviamente da stress.

La paura dell'ignoto, derivante anche questa dall'insicurezza dell'alea, riguarda ogni situazione o scelta a cui non possiamo sottrarci e il cui esito dà luogo a preoccupazioni. Nella logica si potrebbe pensare che una situazione futura potrebbe avere per noi sia conseguenze positive che negative. Ma l'animo umano sembra non curarsi della possibilità rappresentata da un evento felice; in genere si è più preoccupati dall'eventualità di dover soffrire o per lo meno di dover subire un qualcosa di negativo. Se prendiamo ad esempio la paura di morire, che è strettamente affine alla paura dell'ignoto, ci rendiamo conto che ciò che spaventa di più (e che ci condiziona nella vita), è proprio non sapere che cosa ci aspetta, cosa avverrà di noi, della nostra carne, della nostra anima; per assurdo si potrebbe essere perfino spaventati dalla felicità, ossia dal non sapere fino a che punto la nostra anima potrebbe bearsi per l'eternità di una situazione piacevole. Tutto ciò che è ignoto innesca nel nostro animo un'inquietudine irrefrenabile, che trascende dall'esito finale dell'evento, indipendentemente dal fatto che generi positività o negatività. L'ignoto può generare quindi dello stress, ma anche curiosità; in questo caso viene stuzzicata quell'indole particolare che ci fa osare, ci fa mettere in gioco, scommettere.

Questo atteggiamento nei confronti della vita si può osservare, ad esempio, quando si è in procinto di affrontare un viaggio: esistono persone che non si muovono da casa se prima non hanno pianificato tutta la loro vacanza nei minimi particolari; altri invece amano viaggiare senza pianificare, ma vivendo giorno per giorno e procedendo un po' alla cieca, gioendo di quella sensazione suscitata dal partire "all'avventura".

Affrontando l'ignoto si possono avere degli stimoli dovuti al piacere della scoperta e al tentativo di successo. Chi "se la gioca", noncurante dell'esito finale, ha un approccio diverso rispetto alla vita, più ottimistico se vogliamo. Come ho detto però all'inizio del libro, chi sente di non avere paura, ha metabolizzato il potenziale pericolo, lo ha superato e la voglia di conoscere, di migliorare, di evolversi e di tentare, sono più forti delle sue ansie. Questo forse è l'unico antidodo o metodo per superare questa paura.

Il potere esercitato attraverso la paura

Il potere può essere usato come arma di persuasione sia nell'ambito della società, sia nell'ambito familiare.

I bambini vengono educati a comportarsi seguendo le regole che i genitori ritengono più giuste; per ottenere ciò, è pensiero comune che nella società moderna, l'educazione debba essere impartita attraverso l'uso della ragione. Fino a qualche tempo fa però, gli adulti erano molto restii a spendere del tempo per la formazione caratteriale e morale dei loro ragazzi; l'educazione molto spesso era impartita attraverso regole dure imposte frequentemente con l'uso della forza. I classici "scapaccioni", sculacciate o l'uso ancora più deprecabile di altri mezzi, quali cinte o bastoni, rappresentavano il mezzo più veloce e diffuso per educare i ragazzi. Lo stesso metodo era usato molto frequentemente anche a scuola: oltre agli schiaffi erano utilizzate le famigerate bacchette, che venivano adoperate per colpire i ragazzi sulle mani, sulle gambe e sulla schiena. La paura generata dal dolore provocato dalle percosse, generalmente era considerata necessaria al fine di raggiungere l'obiettivo prefissato, ossia il rispetto delle regole. Spesso poi, semplicemente la minaccia dell'uso di detti mezzi, aveva un effetto persuasivo sui ragazzi. Con l'evolversi della società e della cultura, questo modo d'impartire l'educazione è stato parzialmente abbandonato. Al giorno d'oggi, si preferisce educare la gioventù attraverso le parole ed i buoni esempi. Quando questi due mezzi falliscono, i genitori hanno un'ultima possibilità, prima di passare alla violenza: la ritorsione. Anche con la ritorsione, comunque, subentra l'effetto della paura: i ragazzi evitano comportamenti errati per paura di una "ripicca" da parte dei genitori.

L'uso della violenza non è stato un fenomeno di esclusivo appannaggio della società povera, rurale o ignorante; in tutte le società, in tutte le culture e in ogni epoca si è sempre ricorsi a questo metodo educativo. Gli adulti generalmente portano come scusante il fatto che i ragazzi siano snervanti e facciano perdere la pazienza. Le frasi: "Non c'è stato verso di fargli capire le cose e alla fine gli ho dovuto dare due schiaffi", oppure: "Mi ha fatto uscire fuori di testa e alla fine gli ho dovuto menare", nascondono sicuramente una frustrazione da parte dei genitori e l'incapacità di risolvere i problemi usando metodi persuasivi e formativi differenti; essi non riescono a farsi valere o a far valere le proprie idee sui ragazzi e alla fine esercitano su di loro una violenza che oltre ad essere un mezzo coercitivo, è uno sfogo della loro debolezza.

E' sempre sbagliato questo modo di comportarsi e di ottenere le cose? A questa domanda vorrei rispondere in qualità di figlio e di padre.

Come figlio, in passato, meritatamente o immeritatamente, ho subito alcuni tipi di violenza educativa. Quando commettevo qualcosa che veniva considerato sbagliato, oppure quando rispondevo in maniera inappropriata, venivo punito alle volte con le botte. Mio padre non era certamente un orco e questo tipo di ritorsioni fortunatamente non erano frequenti; io non gli ho mai serbato rancore per come mi ha educato, anche se sicuramente, il mio spirito critico ha preso atto di ciò che ho subito. Mi sono convinto che lui, purtroppo, è stato educato nella stessa maniera e non ha fatto nient'altro che ripetere ciò che aveva appreso come metodo d'insegnamento, senza soffermarsi sulla validità del metodo stesso, ma soprattutto senza cattiveria. La paura di essere punito fisicamente però, non mi faceva desistere dal comportarmi come meglio credevo. Insomma, me la giocavo: se andava bene facevo quello che mi ero messo in testa, altrimenti erano dolori. Dicevo che non ho mai provato odio o rancore nei suoi confronti, perché con lui ho avuto sempre un rapporto bellissimo, nonostante le nostre differenze caratteriali. Mio padre mi ha trasmesso talmente tanti valori positivi, che hanno compensato gli sbagli che lui può aver commesso come genitore. Insomma, se devo dare un giudizio sulla violenza come mezzo educativo, dico che uno schiaffo di un genitore non lascia traumi perpetui, e può essere utile come associazione sbaglio-dolore, anche se io sono fermamente convinto che vale più come gesto umiliante in se stesso, piuttosto che come dolore provocato, per quanto riguarda la persuasione. Ma deve limitarsi solo a questo e deve essere un'eccezione; e non sempre funziona (come con il sottoscritto) anzi, alle volte, può avere un effetto opposto. Da padre, la prima considerazione banale che faccio è la seguente: è molto difficile il "mestiere del genitore". Rapportarsi con i nostri figli è complicato ed è facile cadere in errore, soprattutto quando si è stanchi e quando ci sono problemi. Nei confronti di mia figlia, ho usato poche volte la forza come arma di persuasione; questo è avvenuto soprattutto quando era piccola e interagire a parole con lei era difficile. La mia durezza poi, si è limitata sempre a piccole sculacciate e forse a qualche schiaffetto. Crescendo, anche queste piccole azioni punitive si sono esaurite totalmente, in quanto con lei preferisco parlare e convincerla delle mie tesi in maniera diversa. Poi, come le ho sempre detto, ogni qual volta mi sono trovato a punirla, ho sofferto io per primo. Non amo vedere la paura riflessa negli occhi della persona che amo di più al mondo. Mai. Alla violenza sicuramente preferisco la ritorsione (anche se ultimamente non ho dovuto usare questo tipo di ricatto morale...per fortuna!). Insomma, dal mio punto di vista la paura non deve essere un metodo d'insegnamento; tutto ciò che si deve trasmettere ai ragazzi, va fatto utilizzando la migliore delle nostre facoltà: l'intelletto.

Nella società, specialmente in epoche passate, si è sempre cercato di incutere paura nella popolazione per esercitare il potere e dominare. Già in antichità il sovrano, disponeva di un esercito che oltre a proteggerlo affermava il suo potere. All'epoca dei Romani, i sovrani regnavano e alle volte tiranneggiavano grazie all'appoggio dell'esercito. L'arma del terrore veniva usata anche da monito per coloro che intendessero ribellarsi. Tristemente famosa, ad esempio, fu la rivolta del gladiatore Spartaco, che dopo aver inflitto numerose sconfitte all'esercito romano, venne catturato insieme ai suoi seguaci e tutti furono impiccati e mostrati alla popolazione lungo tutta la via Appia a monito perpetuo.

Nel medioevo, le popolazioni temendo attacchi da barbari o da bande armate, chiedevano aiuto al feudatario che, mettendo a disposizione un esercito e adeguate fortificazioni, si faceva ricompensare con raccolti e bestiame. Anche in quel periodo storico, la paura influenzava la vita sociale delle popolazioni.

Durante la Rivoluzione Francese, il Regime del Terrore che iniziò il 21 luglio del 1793 e terminò il 27 agosto del 1794, fu un'epoca in cui il potere venne esercitato attraverso una serie di misure repressive estremamente dure dal Comitato della Salute Pubblica (un nome apparentemente rassicurante) contro tutti gli avversari politici, sia dell'estrema sinistra, sia della destra repubblicana sia delle fazioni controrivoluzionarie. Il periodo del Terrore terminò con l'esecuzione dei tre rappresentanti più influenti del Comitato: Robespierre, Saint-Just e Couthon.

Nel secolo scorso tre dittature, il comunismo nell'ex Unione Sovietica, il nazismo in Germania e il fascismo in Italia, si sono affermate seminando il terrore nella popolazione. Nell'ex Unione Sovietica Stalin fece perseguitare, deportare e imprigionare milioni di persone semplicemente perché sospettate di non essere "in linea" con il partito. Hitler quando prese il potere si servì della Gestapo per poter eliminare tutti gli avversari politici e coloro che dissentivano dall'ideologia nazista. Mussolini, in Italia, fece qualcosa di analogo con gli squadristi delle camicie nere.

Ma anche dopo la Seconda Guerra Mondiale in alcuni Paesi del mondo, la tirannia si è affermata grazie all'uso della violenza e quindi al conseguente clima di terrore: in Cambogia con Pol Pot, in Cile con Pinochet, in Argentina con la Giunta Militare (con il famigerato fenomeno dei Desaparecidos), in Libia con Gheddafi, in Iraq con Saddam Hussein, in Siria con Assad (padre e figlio).

Tutte le dittature si sono affermate non solo tramite l'abolizione di ogni forma di democrazia, ma anche come dominio della popolazione attraverso la paura e la repressione delle diverse forme di libertà.

Venendo ai giorni nostri, due politici uno americano e uno italiano, hanno fondato la propria campagna elettorale evocando la paura. Uno è stato l'ex presidente americano George W. Bush e l'altro l'ex presidente del consiglio italiano Silvio Berlusconi. Bush venne eletto perché promise agli Americani protezione contro la minaccia di Al Qaeda. Berlusconi fondò invece le sue campagne elettorali evocando lo spettro del comunismo e la paura dell'aumento delle tasse.

Perché il potere viene esercitato attraverso la paura? In qualsiasi popolazione mondiale esistono delle paure comuni su cui fa leva chiunque aspiri al potere: la paura dell'invasione da parte di Paesi limitrofi, la paura della recessione, la paura della violenza incontrollata nella società, la paura delle tasse, la paura della povertà e della disoccupazione, la paura della mancanza di libertà. Coloro che intendono salire al potere sono coscienti delle debolezze della propria nazione e fanno leva sui sentimenti delle persone, alle volte illudendole o causando essi stessi l'avverarsi delle paure instaurate.

Bush per esempio, sulla scia della paura del terrorismo islamico dopo gli avvenimenti dell'11 settembre, ha promulgato tutta una serie di leggi, tra cui il famigerato Patriot Act, che avevano lo scopo di proteggere i cittadini e lo Stato americano da nuovi attacchi terroristici, investigando su chiunque fosse ritenuto sospetto e adottando forme coercitive e coattive; tutto ciò è avvenuto con il beneplacito del Senato, influenzato esso stesso dalla paura. Queste misure hanno limitato fortemente le libertà individuali di tutti gli Americani, instaurando un vero e proprio "Stato di polizia".

Molto spesso in Italia, tra gli anni '70 e la fine degli anni '80 specialmente prima delle elezioni sono avvenuti episodi di terrorismo che avevano lo scopo d'infondere negli elettori sensazioni di paura e d'instabilità proprio per poter influenzare il voto verso una corrente o l'altra.

Ma non è solo la politica che usa l'arma della paura per esercitare il potere sui cittadini. Le aziende da una parte e i sindacati dall'altra, mostrano di non disdegnare questo tipo di "ricatto morale" per ottenere ciò che si vuole dai lavoratori. Le aziende, soprattutto in fase di rinnovo contrattuale, paventano frequentemente lo spettro dei licenziamenti o della cassa integrazione, per potersi assicurare il massimo della flessibilità da parte dei dipendenti; mentre i sindacati adottano la stessa leva per far metabolizzare i sacrifici che eventualmente verranno richiesti.

Le industrie (specialmente quelle farmaceutiche) cercano di vendere i loro prodotti diffondendo il panico generale, grazie anche al supporto di media accondiscendenti: tutti gli anni quando è stagione di vaccini, una massiccia campagna mediatica informa di tutti i pericoli che si corrono se i "soggetti a rischio" non si sottopongono al trattamento. Leggiamo continuamente di nuovi virus che attaccano la popolazione mondiale e di vaccini miracolosi che venduti a milioni di dosi arricchiscono le società farmaceutiche. Così è venuta l'epoca della mucca pazza, della peste suina, del virus aviario; senza tener conto di tutte le leggende metropolitane (in parte vere, ma sicuramente enfatizzate) su l'acqua inquinata del rubinetto, del pesce al mercurio, delle verdure contaminate, del vino al metanolo, degli alimenti transgenici. A quante pressioni psicologiche viene sottoposto il cittadino, per far sì che la sua libertà decisionale venga influenzata quotidianamente dal mondo industriale? La nostra vita è condizionata fortemente da questa paura indotta.

Tempo fa, il comico Antonio Albanese portava brillantemente in scena un personaggio definito "Il ministro della paura", che era realmente l'emblema di ciò che ho appena descritto: dominare la popolazione per mezzo della paura indotta.

Anche la criminalità organizzata esercita il suo potere attraverso la paura: la Mafia, la Camorra, la 'Ndrangheta, minacciano la popolazione, gli imprenditori, lo Stato. Intimidazioni fatte di attentati, ricatti, vessazioni, violenze e omicidi. Ogni azione di queste organizzazioni criminali è volta al diffondersi della paura e del terrore usato come arma di ricatto morale e psicologico per esercitare una pressione psicologica su coloro che tentano di resistere e di ribellarsi.

La paura nei sogni

Molto spesso accade di provare delle sensazioni di paura quando sogniamo. Questo avviene perché il nostro animo si carica di esperienze e di ansie durante il giorno, che devono trovare una loro "valvola di scarico". Questo sfogo non contiene per forza gli elementi che hanno caratterizzato lo stress, ma possono incentrarsi su argomenti casuali: se una persona ha paura perché sa di dover affrontare una prova molto dura, di notte potrà sognare una situazione di stress emozionale che determina una reazione del nostro fisico; si sogna di urlare, di litigare, di fuggire, di lottare, di piangere. L'effetto sul nostro fisico e sulla nostra mente è però lo stesso: abbiamo attivato le nostre ghiandole, abbiamo prodotto degli ormoni e abbiamo di conseguenza abbassato il nostro livello di stress, anche se al nostro risveglio, ci sentiamo spossati dalla prova e abbiamo la sensazione di essere stanchi per lo stress provato. L'incubo è proprio una situazione reale o anche paradossale che la nostra mente elabora durante la notte per determinare una reazione mentale appropriata.

Quando affrontiamo un'esperienza negativa o subiamo un trauma, oppure abbiamo un certo tipo di fobia, il nostro cervello necessita di rielaborare ciò che ha vissuto o che teme di poter vivere, per trovare una sua chiave di lettura e una sua soluzione.

Le situazioni più frequenti che ci troviamo ad affrontare, che ci terrorizzano o che ci fanno risvegliare con un senso di ansia e oppressione, sono quelle che riguardano la nostra sicurezza e quella delle persone a noi care. Sogniamo di essere aggrediti, o che qualcuno aggredisce i nostri familiari. Il classico "uomo nero" un perfetto sconosciuto che si materializza dal niente e che ci rincorre, ci segue furtivamente, ci assale alle spalle o ci compare all'improvviso davanti con la sua aria minacciosa, è una figura ricorrente che rappresenta il pericolo ignoto, senza volto. Un'oscura minaccia che ci perseguita, attentando alla nostra sicurezza, alla nostra libertà, alla nostra felicità. Siamo consapevoli del pericolo che rappresenta, anche se ancora non ha manifestato la sua minaccia. Sogniamo rapimenti, stupri, rapine, ma anche animali che ci attaccano: tutte situazioni pericolose che servono ad alleggerire la nostra anima una volta risvegliati. Ci sentiamo più leggeri perché abbiamo superato una prova. E' un dato di fatto, inoltre, che i sogni ogni tanto servano a "fare esperienza", ossia a vivere situazioni fittizie che ci rimangono dentro e che c'insegnano qualcosa. Eliminando ogni sentimento di semplice superstizione, riusciamo ad individuare ciò che ci potrebbe aiutare nella vita reale e anche involontariamente ci comportiamo di conseguenza; creiamo quindi un'esperienza di vita. Il meccanismo è analogo a quello che si mette in atto quando si fanno simulazioni operative: la nostra mente, si mette alla prova per testare le sue capacità reattive ed eventualmente porre dei rimedi, oltre al fatto di allentare la tensione.

Frequentemente si sogna di morire o la morte dei nostri cari, quasi che il nostro spirito voglia abituarsi all'idea del trapasso che in modo inesorabile saremo destinati ad affrontare. Anche quando sogniamo dei fatti dolorosi già accaduti nella nostra vita, stiamo elaborando e metabolizzando la negatività, in modo che si alleggerisca la nostra mente, il nostro cuore.

Sognare la malattia, induce a rimanere guardinghi rispetto alla nostra salute; estrapoliamo situazioni vissute da altri e le "indossiamo" per provare quel tipo di esperienza: in fondo è proprio questo il significato dell'incubo: vivere senza pericolo una situazione reale o paradossale, per trarne beneficio a livello di esperienza e per scaricare l'ansia accumulata di giorno.

Un altro incubo ricorrente è quello del Diavolo che s'impossessa della nostra anima o che si materializza per indurci al peccato. Questo tipo d'incubi non ricorre solo nei credenti, ma anche negli agnostici, che talvolta lo vivono come un richiamo alla fede. Detti sogni hanno la funzione di modificare le nostre attitudini alla vita, quasi che l'anima si guardasse allo specchio e cominciasse a valutare quello che si compie. Il nostro

152

subconscio, in maniera del tutto naturale si rende conto degli sbagli e delle scelte erronee che vengono compiute, anche se non si ammettono palesemente, e assume il simbolo per eccellenza del male, per giudicare e condannare la propria esistenza.

Altri sogni che evidenziano il nostro stato d'ansia (e agiscono quindi da sfogo liberatorio) sono quelli relativi ai figli: pericoli in agguato, malattie, situazioni che potrebbero celare negatività. Il nostro senso di protezione nei loro confronti ci porta ad affrontare delle prove immaginarie per testare la nostra capacità di reazione, la nostra prontezza. Il nostro stato di allerta, è chiamato alla prova per svolgere nella vita reale la sua funzione principale: prevenire ogni possibile situazione che possa mettere a repentaglio coloro che amiamo.

Altri incubi che perseguitano le persone durante la loro vita sono quelli riguardanti il ciclo scolastico, gli esami che si compiono e le prove che si è chiamati ad affrontare. Essere interrogati su lezioni che non abbiamo studiato, trovarci davanti a commissioni che ci esaminano e fare scena muta nonostante si sappia l'argomento, o affrontare colloqui di lavoro immaginando di fare una pessima figura: tutte situazioni surreali che allentano lo stress accumulato nel corso del tempo, per poter ripensare a ciò che si è vissuto con maggiore serenità, o abituano ad affrontare le prove future.

Un'altra tipologia dei sogni riguarda l'incapacità di svolgere determinate azioni che nella vita invece sappiamo affrontare senza difficoltà: l'incapacità di correre per scappare da un pericolo; urlare quando è necessario; reagire ad una minaccia; essere in ritardo e nonostante ogni sforzo non arrivare; essere bloccati senza motivo e subire senza poter contrastare un'offesa, sia fisica che verbale; affogare per stanchezza o per l'incapacità di nuotare; precipitare da balconi, da dirupi o cadere nel vuoto; non essere in grado di salvare qualcuno da un pericolo mortale; soffocare per mancanza d'aria. In quest'ultimo caso, la mente attua un'allegoria di una situazione che si sta vivendo, che soffoca le nostre attitudini, le nostre speranze, la nostra libertà e di conseguenza immagina una reazione, anzi la pretende per sopravvivere; una reazione che di giorno il nostro fisico stenta ad avere.

L'ultima serie di incubi ricorrenti sono quelli riguardanti l'abbandono, il tradimento, la perdita di amici, la fine di un amore, la separazione. L'insicurezza è sicuramente la chiave di lettura di questo tipo di sogni: si ha timore di perdere i nostri affetti, o non ci si fida di chi ci circonda e si dà sfogo ai sentimenti negativi che portiamo dentro.

Per quanto mi riguarda, avendo lavorando da molti anni sugli aerei, il mio incubo ricorrente è stato sempre il disastro aereo; questo tipo di disgrazie è stato sempre immaginato nei sogni in due modi: io come vittima, all'interno di aeromobili che fanno delle manovre assurde o che vanno talmente piano, passando rasenti le case che alla fine si schiantano; io come testimone di disastri. In entrambe i casi c'è sempre una consapevolezza di ciò che sta per accadere: il finale è quasi scontato, anche se devo ammettere, ultimamente questo tipo d'incubi ha dei risvolti diversi e non sempre finisce in tragedia.

Quando mia figlia era piccola, sia io che mia moglie, avevamo degli incubi ricorrenti piuttosto simili: mia figlia che soffocava, o che ci sfuggiva attraversando la strada, o che veniva smarrita in mezzo alla folla. Se la piccola dormiva in mezzo a noi due, mia moglie sognava di schiacciarla rigirandosi nel letto. Qualche volta abbiamo sognato che qualcuno ce la volesse portare via con la forza o che qualcuno le volesse fare del male e noi non riuscivamo a proteggerla a dovere. Questo genere di sogni, ovviamente trova le sue radici nell'ansia dei genitori e, come ho già detto, induce il nostro fisico ad una reazione, a rimanere guardinghi nei confronti dei pericoli e ad allentare quindi lo stress accumulato svolgendo il "mestiere" di genitore.

Conclusioni

Non so se veramente ho scritto questo libro nel tentativo di esorcizzare le mie paure. Certo, per me questo stato d'animo in tutte le sue sfumature è affascinante, e provo per questo argomento la stessa attrazione che può esercitare un film giallo o peggio dell'horror. Forse non sono l'unico, visto che questo genere intriga molte persone.

Tuttora, nella mia vita, sono carico di ansie di ogni genere, ma quella che più mi attanaglia minando la mia serenità quotidianamente, è la paura della morte. Sarà che apprezzo molto la vita e ne riconosco il valore immenso. E' un miracolo l'esistenza; pensare, creare, amare ma anche soffrire; la consapevolezza di ciò, è essa stessa un miracolo.

Nel mio animo forse per semplicità, forse solo per speranza, sono più portato a credere nei miracoli della Natura, che nelle coincidenze. E' per questo che ritengo che dietro tutta la nostra realtà ci sia un disegno più ampio, qualcosa di molto più complicato di quanto le nostre menti così brillanti, ma allo stesso tempo così elementari, possano immaginare o concepire.

Da sempre, come indole, ho avuto simpatia per i più deboli, probabilmente perché mi riconosco molte debolezze e sento di farne parte come gruppo. Così, non solo non mi permetto di giudicare chi ha paura, ma ne capisco i sentimenti. Talvolta gli eccessi di paura immotivata mi irritano, ma perché pretenderei una reazione più incisiva per affrontare la situazione. Ma mi rendo conto che quando agisco così, è solo per egoismo e per mancanza di senso d'immedesimazione. Quando poi mi sforzo di capire, allora provo tenerezza per chi è angosciato e capisco che la sua non è debolezza, ma semplicemente una reazione che il fisico impone alla mente, quando percepisce una potenziale minaccia.

Ma nell'ottica della vita, ha senso veramente essere debole o forte? A mio avviso, è solo una questione di orgoglio personale sentirsi forti perché non si hanno paure, ma è un'illusione. Se l'arco temporale in cui noi esistiamo si limitasse solo agli anni in cui viviamo, sarebbe una magra consolazione essere forti, potenti, o ricchi. Sarebbe tutto molto evanescente, effimero, illusorio. "Coraggioso" potrebbe essere solo un lodevole epiteto da mettere sulle nostre tombe a ricordo del nostro carattere. Se invece, dopo la vita terrena ci aspetta una vita spirituale, allora sarà ancora meno importante essere stati coraggiosi durante la nostra esistenza, perché, dal mio punto di vista, vorrà dire che la vita è molto più profonda di come la concepiamo e i valori futuri saranno completamente diversi. L'esistenza, sempre secondo me, è solo un tempo limitato di consapevolezza e di esperienza, che dovremmo sfruttare per capire meglio l'universo dentro e fuori di noi.

Rammaricarsi per i propri difetti e per le proprie debolezze serve a poco, non ha senso. Ha più senso e si è molto più sinceri ed umani quando si mette a nudo il proprio essere, le proprie debolezze, la propria fragilità. In questo caso si dimostra la propria forza e il proprio coraggio: si sta offrendo la possibilità agli altri di conoscerci meglio, e d'individuare così i nostri punti deboli; si offre il fianco per essere attaccati e colpiti da quelli che ne volessero approfittare; ma si dimostra anche fiducia in coloro che ci circondano, indipendentemente dalla loro indole.

Le nostre debolezze, e nello specifico le nostre paure, al massimo vanno razionalizzate, capite, metabolizzate. Si può convivere con esse solo quando si accettano pienamente, non quando si combattono.

Parlavo prima della mia paura per la morte. Riconosco che questa sorta di ossessione potrebbe derivare da come sono stato tirato su, tra mio padre che mi spronava ad essere più coraggioso affrontando ciò che mi spaventava, accusandomi alle volte di non avere abbastanza coraggio, e mia madre che da sempre ha avuto un atteggiamento negativo di fronte alla malattia e alla morte. Le sue preoccupazioni, il suo rammaricarsi oltremisura e il suo dispiacere irrazionale nei confronti di un evento naturale e purtroppo inevitabile, mi sono stati trasmessi da lei involontariamente, causandomi questi problemi. Lei non ha mai accettato la morte di nessuno, persino di un animale domestico; se questo atteggiamento è comprensibile dal punto di vista affettivo, dal punto di vista umano è logorante. Accettare la vecchiaia e quindi la morte significa (ragionando con la testa e non con il cuore) capire che è un qualcosa di molto triste e doloroso, ma che purtroppo fa parte della vita, degli eventi naturali a cui siamo sottoposti visto che viviamo. Io non le faccio una colpa per questo suo modo di essere e di rapportarsi nei confronti della vita, anzi mi fa tenerezza nella sua bontà d'animo e da sempre la considero una persona di un'umanità infinita. Lei riesce a provare pena per chiunque, ed è disposta al perdono e alla comprensione come poche persone sanno fare. E in questo, è stata un meraviglioso modello ed esempio che, purtroppo, non sempre sono riuscito ad imitare. Tra le altre cose, le devo riconoscere, che è molto più coraggiosa di me.

La paura, per concludere è quindi un sentimento umano alla stessa stregua dell'amore, della tristezza, della rabbia, del dolore, della felicità. E' una risposta del tutto personale che ognuno di noi fornisce agli stimoli che ci giungono dall'ambiente in cui viviamo, dalle persone che ci circondano e dalle situazioni in cui siamo coinvolti. Non c'è d'avere paura quindi, di aver paura!

Bibliografia

Vittorino Andreoli: "I segreti della mente" RCS Ed. 2013
Vittorino Andreoli:" Le nostre paure" RCS Ed. 2010
Lucio della Seta:" Debellare l'ansia e il panico" Ed. Mondadori 2012
Giampaolo Perna: "Ansia" Ed. Piemme Bestseller 2011
Krishnananda e Amana: "Uscire dalla paura" Ed. Urra 2010
Luca Stanchieri: "Come combattere l'ansia" Ed. Newton e Compton 2012
Carl Gustav Jung: "L'uomo e i suoi simboli" Ed. Longanesi 1980
Sigmund Freud: "Introduzione alla psicoanalisi" Ed. Bollati Boringhieri1978
Rosario Sorrentino – Cinzia Tani: "Panico" Ed. Oscar Mondadori 2008

INDICE